이철희의 정치 썰전

이철희의
정치 썰전

보수와 진보를 향한 촌철살인 돌직구

| 이철희 지음 |

인물과
사상사

오늘날 한국 민주주의를 위협하는 것 중의 하나는 정치를 이성적
으로 논의하는 시민적·공론적 장場의 피폐화라 할 수 있다. 이철희
소장은 이미 〈썰전〉과 같은 방송 프로그램을 통해 정치를 경멸과
비판의 대상이 아닌, 공적 이성의 소통을 위한 수준 있는 정치적 공
론장이 가능하다는 것을 보여주는 데 크게 기여한 바 있다. 이 책에
서 정치 분석은 방송 프로그램보다 깊이 있고, 정제된 형태로 드러
난다. 무엇보다 그의 평론이 갖는 장점은 현실 정치에 대한 비판과
합리적 대안 사이에 균형의 중요성을 이해한다는 점이다. 그는 정
치가 수많은 문제를 안고 있다 하더라도, 정치를 통하지 않고서는
한 사회가 안고 있는 공동의 문제를 해결할 수 없다는 딜레마를 잘
꿰뚫어볼 수 있는 뛰어난 평론가다. 복잡한 정치 문제를 대화하듯
이 쉬운 말로 또 흥미 있게 풀어나가는 이 책의 일독을 권한다.

• **최장집**(고려대학교 명예교수)

"어 뭐하던 양반이지? 희한하네!" 이철희의 글을 처음 대했을 때
내가 가졌던 느낌이다. 그런 놀라움의 과정을 거치면서 이제 나는

이철희의 글은 무조건 탐독하는 팬이 되었다. 내가 느낀 놀라움을 설명하기 위해선 정치 평론의 전형적인 유형에 대해 말씀드려야 할 것 같다. 정치 평론은 크게 나누자면 두 가지다. 원칙·이론 중심의 정치 평론과 현실·각론 중심의 정치 평론. 전자는 주로 학자가 쓰고 후자는 주로 저널리스트나 정치평론가가 쓴다. 둘 다 일장일단이 있는데, 전자는 현실에 맞지 않는 점이 아쉽고, 후자는 현실에 매몰되는 점이 아쉽다. 둘 사이의 균형을 취하면 좋겠지만, 그게 말처럼 쉬운 일은 아니다. 이철희의 글은 그 균형을 거의 완벽하게 실현해낸다는 점에서 놀랍다. 공부와 현장을 동시에 섭렵한 그의 이력을 자세히 알면 고개를 끄덕일 수 있겠지만, 그것만으론 설명할 수 없는 그 무언가가 이철희에겐 있다. 있는 그대로의 세상을 직시하면서도 이상과 비전을 포기하지 않고, 진정성은 물론 그것만으로 소통하려는 무모함을 넘어선 성실성이 있고, 소통을 진작시키는 역지사지와 포용에 충실하다는 점에서 이철희의 글은 찬란하게 빛난다. • 강준만(전북대학교 신문방송학과 교수)

한국 사회에서 정치에 대한 혐오감정은 여전하고, 이를 이용하는 '반反정치의 정치'가 횡행한다. 저자는 이에 맞서 정치의 복원을 강조하면서 이를 대중적 언술로 풀어왔다. 이번 책에서 저자는 탄탄한 이론적 기초 위에 서서 한국 정치의 구조와 동학이 가진 문제점을 예리하게 분석한다. 특히 패배를 자초하는 야당의 무능과 관성에 대한 지적은 적확하다. 시대적 과제인 민생복지 강화는 그것을 추구하는 정치 없이는 불가능하다. '비非자유 민주주의'로 퇴행하는 것에 분노하는 분들, 2016년 총선과 2017년 대선을 생각하면 가슴이 답답한 분들, 반대를 넘어 승리를 열망하는 분들께 일독을 권한다. • 조국(서울대학교 법학전문대학원 교수)

정치 평론, 정치학, 정치는 다른 영역일까? 나는 그렇게 생각하지 않는다. 이 책의 가장 큰 매력은 우리 사회에서는 드물게, 세 가지 영역을 통합하고 동반 상승시키는 글쓰기라는 점이다. 박식하고 구체적이면서도 치열한 이철희 소장의 글을 읽으면서, '한국의 월터 리프먼'의 출현을 기대해도 좋을 것 같다는 생각이 든다.

• 정희진(여성학 연구자)

이 혼란한 시기에, 철저하게 합리성에 바탕을 둔 분석과 대안 제시로 희망과 위안을 주는 이철희 소장의 새 책이 무척 반갑다. 정치는 전체 사회공동체는 물론, 가족과 개인의 삶에 지대한 영향을 끼치는 매우 중요한 기능을 수행해오고 있다. 그런데 대한민국에선 일부에선 정치 과잉, 한쪽에선 정치 혐오가 위세를 떨치며 정상적인 정치적 발전을 가로막는 현상이 지속되고 있다. 우리가 행복하지 못한 가장 큰 원인이다. 이철희 소장의 책은 한국 정치가 당면한 문제의 핵심을 명쾌하고 시원하게 해부한 뒤, 실천 가능한 대안을 제시한다. 대한민국의 오늘을 살고 있는 우리 모두가 꼭 한 번은 읽어보았으면 좋겠다. • 표창원(범죄과학연구소 소장)

이철희 소장은 꿈꾼다. 정치를 통해 우리의 삶을 바꿀 수는 없을까? 이를 위해 그는 우리가 정치에 관심을 갖고, 정치를 발견할 수 있어야 하며, 정치를 내 것으로 만들어야 한다고 강조한다. 암울한 현실에 눌려 자기 자신을 쥐어짜며 자학하지 말고 더불어 손잡고 함께 나서야 한다고 말한다. 정치를 통한 삶의 진화, 이를 소망하는 모든 사람에게 이 책은 손을 내민다. • 김미화(방송인)

이철희 소장은 따뜻하면서 차갑다. 사람과 정치를 사랑하는 그의 가슴은 한없이 따뜻하고, 정치 현상과 이면을 꿰뚫는 분석은 냉정하고 차갑다. 어느 한쪽에 치우침 없이 일장일단을 간파하는 그의 평론은 폐부를 찌른다. 그는 냉철한 휴머니스트다.

• 김구라(방송인, 〈썰전〉 MC)

한국 정치의 폐단과 대안을 제시한 이 책은 '이철희다운' 명쾌함을 선사한다. 진영 논리에 함몰되지 않은 이철희 소장의 자유로운 철학은 이 책을 더 객관적이고 심층적이며 전문적인 걸작으로 완성시켰다. "민주주의에서 정치를 외면하고 좋은 사회나 내 삶이 편안한 복지국가를 만들 수 없다"는 저자의 말이 오랜 여운으로 남는다.

• 최진기(오마이스쿨 대표)

이철희 소장과의 논쟁이 즐거운 것은 '새로운 이야기'들을 접할 수 있기 때문이다. 책장을 넘길 때마다 이 생각이 진보의 주류 사상이 되는 날을 기대했다. 보수도 항상 전열을 재정비한 진보와 선의의 경쟁을 기대한다. 이 책을 읽는 유권자들이 어떻게 이 분석들을 소화해내고 실행에 옮기느냐에 따라 그 경쟁이 성립할 수 있을 것이다.

• 이준석(전前 새누리당 혁신위원장, 클라세스튜디오 대표)

평소 정치가 달라져야 보통 사람의 삶이 달라진다고 생각해왔
다. 힘 없고, 빽 없고, 돈 없는 사람들이 정치를 통해 삶을 바꾸면
좋겠다는 건 오랜 바람이다. 그러려면 먼저 그들이 정치를 발견
할 수 있게 해주어야 한다. 사회경제적 약자들이 자신의 삶을 바
꾸는 무기로 정치를 활용할 수 있게 하려면 정치, 특히 진보정치
가 달라져야 한다. 더 구체적으로는 너무도 부실하고 무기력한
새정치민주연합이 바뀌는 게 급선무다.

　평범한 사람들의 일상에 정치가 힘이 되기 위해서는 정치

를 죽이는 온갖 허상이나 오해, 또는 의도적인 왜곡을 바로잡아야 한다. 정치를 더럽고, 나쁘고, 무익한 것으로 여기는 정치 불신 때문에 피해를 보는 건 오히려 서민이고 약자들이다. 이런 목표로 월간 『인물과사상』에 16개월 동안 연재한 글이 '이철희의 트루폴리틱스'다. 정치의 진면목, 진짜 정치를 알게 하고, 그럼으로써 정치를 삶의 무기로 쓰지 못하게 하는 시도와 세력에 맞서려고 했다.

살아가면서 느끼게 되는 것은 한 개인의 노력에 의해 인생의 성패가 결정되지 않는다는 사실이다. 자신의 의지와 상관없이 주어진 격차 때문에 개인의 노력은 애당초 변수조차 되지 못하는 현실, 이것을 두고 요즘엔 '헬조선'이라는 말까지 쓴다. 암울한 현실에 눌려 자기 자신을 쥐어짜며 자학하지 말고 더불어 손잡고 함께 나서야 한다. 고립된 개인의 노력이 아니라 함께하는 노력과 사회적 해법이 바로 정치다. 정치를 통해 우리 삶을 바꿔야 한다. 민주주의에서 정치를 외면하고 좋은 사회나 내 삶이 편안한 복지국가를 만들 수 없다. 이제 정치를 내 것으로 만들어야 한다.

스웨덴의 정치가 구닐라 칼손Gunilla Carlsson이 이런 말을 했다. "정치는 특별한 사람이 하는 특별한 일이 아니라 더 좋은 사회를 만들기 위해 보통 시민이 참여하는 보통의 일이다." 맞는 말이다. 정치가 보통 사람들이 삶을 바꾸기 위해 의존하고, 참여하고, 활용하는 '보통의 일'이 되도록 해야 한다. 이 책이 조금이나마 도움이 되면 좋겠다.

2015년 늦은 9월의 어느 휴일에,

이철희

차 례

제 1 장

왜 정치는 우리 삶을 바꾸지 못하는가?

제 2 장
누가 우리 정치를 죽이는가?

제 3 장
정치가 바뀌어야 삶이 달라진다

왜 정치는

우리 삶을

바꾸지

못하는가?

세월호
참사가
한국 정치에
묻는다

유·무능의 프레임으로 보면 한국 정치는 낙제점이다

명名은 좋으나 실實이 없는 말 중에 하나가 진정성이다. 사전은
'진정'을 참되고 애틋한 마음이라고 풀이하고 있다. 얼마나 간
절한 마음을 갖는지를 따지는 게 진정성이다. 그런데 다른 분야
는 논외로 하더라도 정치의 관점에서 볼 때 이 진정성은 단언컨
대 허망한 담론이다. 일종의 가식적 현학이다. 그럴싸해 보이지

만 본질을 가리면서 엉뚱한 데 초점을 맞추도록 하기 때문이다. 좋은 예가 있다. 이명박 대통령이 시종일관 매달린 게 바로 4대 강 사업이다. 그의 진의가 문자 그대로 4대강을 살리는 것이었다면, 그 사업이 낳은 폐해를 용서할 수 있나? 이명박을 싫어한다면, 다른 예도 있다. 노무현 대통령이 추진한 한미 FTA에 대한 찬반을 그의 진정성으로 판단해도 되나?

아무리 좋은 선의를 가지고 있더라도, 또 그 선의로 어떤 정책을 추진했더라도 결과적으로 '좋은 결과'를 만들어내지 못했다면, 정치인으로서 무능이란 딱지를 피할 수는 없다. 풍성한 자태를 자랑하는 나무라도 그 열매인 사과가 맛이 없으면 아무런 의미가 없다. 사과나무는 사과의 맛으로 평가해야 하듯 정치인도 그 선의가 아니라 성과로 평가해야 한다. 이른바 유능 대 무능의 프레임이다.

유·무능의 프레임으로 보면 우리 역사에서 개혁의 대명사로 일컬어지는 조광조는 참 무능했다. 백성의 삶을 개선하는 게 아니라 이념 논쟁에 매몰되어 대세를 그르쳤다. 그 때문에 사림의 집권이 50년이나 지체되었다는 평가가 있을 정도다. 범위를 넓혀, 그렇다면 정치 세력으로서 사림은 유능했나? 그 시대를 산 보통 사람의 삶은 사림 집권 때 별로 나아지지 않았다. 그들이 경원시한 정도전은 '나라는 백성이 근본이고, 백성은 먹을 것이 하늘'이라는 이념하에 토지개혁으로 평민의 삶을 낫게 만들었다. 반면 사림의 대표 인물 송시열은 예송 논쟁에 빠지고, 민생 법안인 대동법에 정말 열심히 반대했다. 300년이 넘는 사림 집권의 끝이 일제 강점이란 망국이다. 이런 정치 세력이 무능하다 하지 않으면 과연 어느 세력이 무능하랴.

정치인이나 정치 세력이라면 일단 유·무능의 프레임을 통과해야 그다음에 잘했느냐 못했느냐 하는 평가가 가능하다. 유·무능의 프레임이 1차 시험이라면 우·열등 프레임은 2차 시험이다. 지금 한국의 정치권을 채우고 있는 여와 야, 보수와 진보 세력 모두 유·무능의 1차 시험에서 낙제점을 면치 못한다. 우리 사회를 보수적 또는 진보적으로 재편하는 건 고사하고 자신들의 내부 진영조차 제대로 된 보수나 진보답게 혁신하는 데도 실패하고 있기 때문이다. 소득 2만 6,000달러 시대, 민주화된 지 어느새 30년이 다 되어가는 지금, 보수는 꼴통보수가 진보는 깡통진보가 주류다. 보수는 보수라는 이름이 전혀 어울리지 않는 노선과 행태를 고집하고 있다.

2012년 대선에서 보여준 개혁적 보수의 모습은 그 어디에도 없다. 그들이 외친 경제민주화와 복지는 과거의 창고에 봉인

되어 있다. 진보도 민주 대 반민주의 '흘러간 노래'만 끊임없이 불러대고 있다. 2010년 지방선거에서부터 2011년의 서울시장 재·보궐 선거까지 무상급식 이슈를 두고 보수가 바보같이 반대를 표방하고 나섬으로써 형성된 찬반 구도에서는 진보 진영이 선전했다. 그런데 그 뒤로 보수가 영악하게 반대 입장을 접고 '누가 더 잘하는지 놓고 경쟁하자'는 식으로 구도를 바꿔버리자, 진보 진영은 어떻게 해야 할지 몰라 허둥지둥하다 결국 이슈 소유권issue ownership마저 빼앗기고 말았다.

원칙과 소신 뒤에 가려진 무능한 행정

원칙과 신뢰는 정치인 박근혜의 트레이드마크다. 정치인으로서 아무나 누릴 수 없는 자산이고, 게다가 스스로 얻어낸 자산이니 자랑스럽게 내세울 만하다. 그런데 조금만 더 깊게 따져보면 원칙과 신뢰 역시 일종의 진정성 담론이다. 원칙을 지키고, 신뢰를 유지해서 어떤 세상을 만들 것인지에 대해서는 아무런 메시지가 없기 때문이다. 공부를 열심히 한다고 좋은 성적을 거두는 게 아니듯이, 원칙을 지킨다고 해서 좋은 결실이 보장되는 것은 아니다.

게다가 그 원칙이 무엇을 위한, 누구를 위한 원칙인지 따지지 않고 일단 그 목적성에 동의하는 원칙이라고 하더라도 원칙 고수가 유능함은 아니다. 아름다운 원칙과 무모한 아집은 종이 한 장 차이다. 우리 속담에 '가르친 사위'란 말이 있듯이 원칙 고수는 때로는 위험하기까지 하다. 동서 냉전의 와중에 리처드 닉슨Richard Nixon과 헨리 키신저Henry Kissinger는 대결 원칙을 버리고 중국과 수교했다. 구소련을 악의 축이라고 비판했던 로널드 레이건Ronald Reagan도 압박 원칙을 버리고 미하일 고르바초프Mikhail Gorbachev와 거래했다. 원칙의 한계를 말해주는 반증 사례들이다.

가끔 원칙 고수는 무능을 숨기는 좋은 커버cover로 기능한다. 정치에서 협상이나 타협은 어렵고, 대결이나 비판은 쉽다. 협상이나 타협을 위해서는 자기 진영을 설득해야 하고, 상대방의 동의를 끌어내야 하기 때문에 정교한 기술이 필요하다. 때문에 감히 시도하기 어려운 정치 방식이다. 그런데 어느 나라든 역사의 물줄기를 바꾼 정치적 계기는 대개 타협에 의해 만들어졌다. 따라서 유능한 정치인이라면 타협을 두려워해서는 안 된다. 이것은 정치인에게 부여된 일종의 숙명이고 천형天刑이다. 그래서 막스 베버Max Weber도 정치에선 신념 윤리가 아니라 책임 윤리가 필요하다고 했다. 이처럼 타협이 불가피하나 매우 어려운 일이니 원칙이라는 이름으로 타협을 거부하는 것도 하나의 정치 방식이다.

정치라고 하면 워낙 협잡과 뒷거래 따위가 연상되기 때문에 원칙 담론을 내걸어 얻을 수 있는 이득도 만만치 않다. 그런데 그 잘난 원칙 때문에 아무런 성과가 없게 되면, 그 피해는 고스란히 주권자인 국민에게 돌아간다. 2013년 미국에서 민주당인 대통령과 공화당인 의회가 각자의 원칙을 고수하다 결국 행정부의 일부가 잠정 폐쇄shutdown되었다. 피해는 국민의 몫이다. 박근혜 대통령의 원칙과 신뢰 담론은 자신의 소신을 고집하는, 그럼으로써 대화와 타협보다는 긴장과 대립을 조장하는 원인이 되고 있다. 말이 좋아 원칙 고수지 실상 타협을 만들어낼 실력이 없는 걸 숨기는 허울일 뿐이다.

2014년 4월 16일에 있었던 세월호 침몰 사고는 원칙에 대한 새로운 이해를 제공한다. 박근혜 대통령은 국민 안전을 국정의 기본 원칙으로 제시해왔다. 그 원칙이 원칙다우려면 예산과 인력으로 안전 행정을 뒷받침해야 한다. 그래야 문자 그대로 명과 실이 부합하는, 즉 명실상부한 지침이 된다. 그런데 말의 원칙은 실행의 무능으로 나타났다. 안전 예산은 되레 줄어들었고,

재난 전문가는 한직으로 밀리고, 안전 관련 자리는 기피 부서가 되었다. 재난 대비 훈련도 구두 회의로 대체되었다. 박근혜 스타일의 안전은 종이호랑이라는 말처럼 허상에 불과했던 셈이다. 세월호 참사는 기업(청해진해운)의 탐욕이 빚어낸 인재人災로 시작해 행정의 무능이 대형 참사로 이어진 관재官災를 거쳐 언론의 윤리적 해이로 국민적 분노를 증폭시킨 언재들災로 나아갔다.

세월호 참사는 또 박정희 모델의 파탄이기도 하다. 관료 중심의 국가 운영이 이제 불가능하다는 게 더욱 분명해졌다. 사실 한국의 관료 신화는 몇 번의 계기를 통해 무너졌다. 치안 행정은 박종철 고문치사로, 경제 행정은 IMF로 각각 붕괴되었다면 안전 행정은 세월호로 침몰했다. 사고의 원인으로 볼 때 행정의 책임이 절반이라면 사고 후의 혼란은 온전히 행정의 무능 탓이다. 박근혜 대통령이 가진 원칙 이미지 때문에 가려져왔던 무능한 행정가라는 그의 실체가 세월호 참사로 드러났다. 게다가 자신이 임명한 사람을 나무라면서 자신이 져야 할 책임은 남 탓으로 돌리는 '구름 위의 심판자' 모습도 결국 무능을 숨기기 위해 정교하게 기획된 전략적 태도인데, 이 또한 원칙 이미지 때문에 가능한 것이었다. 나는 원칙을 지키는 데 너희들은 왜 안 지키느냐는 태도는 행정권이 없는 영국 여왕의 어법이란 지적이나, "엄

마라서 말할 수 있다. 질책이 아니라 대책이 필요합니다"라는 피켓의 문구는 핵심을 정확하게 짚는다.

2001년 9·11 테러가 발생한 다음 조지 부시George W. Bush 대통령은 살아났다. 50퍼센트 언저리에 머물던 지지율이 급등했다. 대통령으로서 엄청난 재난을 수습하는 데 제법 유능했다. "세계의 악당들을 조지고 부수는 것만 좋아했던 미국의 43대 대통령인 조지 부시였지만 9·11 테러 당시 그의 리더십은 어쩔 수 없이 칭찬하게 된다. 테러가 일어난 그날에만 대통령 담화가 3번 발표되었다. 사건의 성격 규정, 국민의 단결 호소, 새로운 전쟁에 대한 전 세계의 지지 확보라는 명확한 목표를 갖고 발표된 담화였다. 이후로도 사흘간 총 11번의 대통령 담화가 있었다. 같은 기간 각 부처 장관들의 브리핑은 총 50회가 넘는다. 먼지가 자욱한 테러 현장에서 소방관과 함께 서서 이 대형 재난을 조속히 극복하자는 대통령과 정부의 결의가 과시되자 부시의 지지율은 치솟았다. 대통령과 정부가 국민을 보호한다는 강한 의지는 위기의 순간에 절실히 요구되는 덕목이었고, 국민은 아낌없는 지지와 성원으로 이에 화답했다."● 군사평론가 김종대의 지적이다.

이뿐 아니다. 부시는 9·11 테러를 계기로 '테러와의 전쟁'

●김종대, 「'바른생활 소녀'는 필요 없다」, 『한겨레』, 2014년 5월 2일.

을 새로운 국정 어젠다로 제기했고, 결과적으로 재선에 성공했다. 재난으로 일어선 부시가 몰락한 것도 재난이었다. 2005년에 있었던 허리케인 카트리나 때문이다. "2005년 8월 말 카트리나가 미국 남부를 강타하면서 뉴올리언스 지역의 제방이 무너졌다. 이 바람에 도시 전체가 순식간에 물에 잠겼고 사망·실종자만 2,541명에 달하는 대형 참사가 벌어졌다. 미국 사회는 뉴올리언스가 약탈과 총격이 난무하는 무법천지로 변한 것에 경악했다. 정부의 사전 대처 소홀과 늑장 대응을 비난하는 여론이 확산된 가운데 부시 대통령의 소극적 처신도 문제가 됐다. 부시 대통령은 사고 나흘 뒤에야 피해 지역을 둘러봤고, 피해 주민을 위로한다면서도 무법 지대가 된 뉴올리언스 도심과 이재민들이 임시 수용된 컨벤션센터 등엔 찾아가지 않았다."● 『중앙일보』 김정하 기자의 정리다. 엄청난 재난의 현장을 부시는 비행기를 타고 휙 둘러보는 것으로 끝내버렸다. 이를 계기로 그는 엄청난 비판에 직면했고, 몰락의 길로 접어들었다. 이때 생겨난 말이 '카트리나 모멘트Katrina Moment'다. 정권이나 지도자의 명운을 결정짓는 사건이나 시점, 계기를 말한다.

　　조지 부시가 9·11 테러 때는 성공했는데, 카트리나 때는 실패한 이유가 무엇일까? 9·11 테러에서는 적target이 분명했다.

● 김정하, 「현장 달려간 오바마, 나흘 뒤에 간 부시…표심 갈랐다」, 『중앙일보』, 2014년 5월 1일.

알카에다라는 테러 집단이 있었기에 국민적 분노의 화살이 날아갈 과녁이 분명했다. 하지만 자연 재난은 누구를 탓할 수 없다. 재난을 대비해야 하는 정부가 얼마나 준비에 철저했는지, 또 재난 후에 얼마나 대응을 잘했는지가 초점이 될 수밖에 없다. 당시 카트리나 합동태스크포스JTF 사령관을 맡았던 러셀 아너레이Russel L. Honoré 중장이 지적한 대로 조지 부시는 카트리나가 초대형 허리케인이 될 것이라고 미리 보고를 받았지만 충분히 대비하지 못했다. 피해 예상 지역 주민을 미리 대피시키지도 않았다. 인사 실패도 있었다. 자신의 선거를 도운 아라비아산馬 말 협회장 출신인 마이클 브라운Michael Brown을 연방재난관리청FEMA의 청장에 임명했는데, FEMA의 초기 부실·늑장 대응으로 인해 이 정실 인사 역시 도마 위에 올랐다. 부시 행정부의 민낯이 뜻하지 않은 자연 재해로 드러난 셈이다.

세월호 참사가 천안함 사태처럼 책임을 물을 외부의 적이 없다는 점에서 카트리나를 닮긴 닮았다. 또 인사 실패도 비슷하다. 총리는 허망했고, 해양수산부 장관은 무능했고, 안전행정부 장관은 방심했고, 교육부 장관은 무심했다. 게다가 대통령은 내내 차가웠다. 하지만 세월호 참사가 박근혜 정부나 대통령에게 '카트리나 모멘트'가 될지는 미지수다. 물론 그가 내건 원칙과 신뢰 담론, 태도가 결코 좋은 결실을 보장하지 않는다는 사실과 박근혜 대통령이 행정가로서 실력이 부족하다는 사실만큼은 분명하게 확인되었다. 때문에 한국의 민주주의를 앞당긴 4·19 혁명이나 5·16 군사쿠데타처럼 우리 역사에 역사적 분기점watershed이 될 수도 있다. 박근혜 대통령이 높은 지지율을 구가하던 시절, 벨 에포크La belle époque(1871~1914년까지 서유럽이 평화·번영을 누렸던 시기, 아름다운 시절)에 빗대면 박 에포크Park époque가 지나간 추억이 될 수도 있다는 이야기다.

리더십은 없고 스타십만 있는 야당

상대가 있는 게임이 정치다. 특히 선거는 더더욱 그렇다. 내가 잘하는 것보다 상대가 못하는 것 때문에 이기는 경우가 적지 않다. 특히 야당은 태생적으로 자신의 실력으로 승리하기보다는 여당의 실정 때문에 이기는 게 상례다. 한국처럼 한 표라도 더 얻은 정당이나 세력이 모두를 차지하는 승자 독식의 정치winner-takes-all politics 구조하에서는 입법이나 어젠다 세팅에서 야당의 운신 폭이 거의 없기 때문에 반사이익은 야권 부활의 필수조건이다시피 하다.

2007년 대선과 2008년 총선에서 이른바 궤멸적 패배를 당한 민주당은 2008년 5월의 촛불 항쟁에서 대중적 링거를 맞고 기력을 어느 정도 회복하더니 2010년 지방선거에서 예상 밖의 승리를 얻었다. 그 승리는 다분히 이명박 정부가 천안함 사태를 정치적 덫으로 악용한 데 따른 대중적 반감 때문이었다. 그런데 2012년 총선과 대선에서 패배한 것은 결국 반사이익만으로는 이길 수 없다는 사실을 말해준다. 다른 예도 있다. 1997년과 2002년 대선에서 당시 한나라당이 패배한 것은 의회 다수 의석을 권력으로 삼아 소수 여당을 압박한 결과였다. 한나라당의 이런 기조, 즉 상대를 압박해 끊임없이 흔들어 반사이익을 누리는 전략은 대통령 탄핵으로 이어졌고, 마침내 2004년 총선에서 미증유의 역풍에 휩싸였다. 사상 최초의 의회 권력 교체가 이루어졌다.

그렇다면 이명박 정부의 실정에 따른 반사이익 때문에 정권 교체가 이루어질 가능성이 매우 높았던 2012년 대선에서 정권 교체는 왜 이루어지지 않은 것일까? 2012년 이명박 정부에 대한 반감 지수는 매우 높았다. 정권 교체의 필요조건은 충족된 셈이다. 하지만 당시 야당에 대한 호감 지수는 상당히 낮았다. 민주정부 10년 동안 이전 정부와 다른 사회경제적 해법을 보여주지 못한 데다, 정권을 잃었음에도 '낡은 민주당'의 모습에서 벗어나지 못했기 때문이다. 반사이익reflective benefit을 반대투표 punishment voting로 전환시키지 못했다는 말이다.

앨버트 허시먼Albert Hirschman의 개념을 빌리자면, 문제가 있어 불만을 표출하는 항의voice가 아예 정당과 후보에 대한 지지를 바꾸는 퇴장exit으로 연결되지 못했다고 할 수 있다. 정말 2007년의 분위기나 대공황 뒤에 치러진 1932년의 미국 대선처럼 '닥치고 바꿔'의 분위기가 아니라면 반사이익만으로 승리할 수 없다. 특히 과거 야당이 집권하고 있었던 시절에 대한 기억이 '불편한 경험'으로 남아 있다면, 여당이 싫다는 이유만으로 그들에게 다시 집권의 기회를 주는 건 어려운 선택이다. 구슬이 서 말이라도 꿰어야 보배이듯, 여당에 대한 반감을 투표에서 응징으로 담아내기 위해서는 대안성을 갖춰야 한다. 영국 노동당은 보수당에 대한 거부 정서가 강했던 조건에서 치른 두 번의 선거에서 한 번은 지고, 한 번은 이겼다. 1992년엔 패배했으나 1997년에는 승리했다. 1997년에 승리한 이유는 독자적인 조세정책과 토니 블레어Tony Blair라는 대중적 리더의 존재, 즉 대안성이 충족되었기 때문이다.

야권이 2012년 대선 패배 후 시종일관 외치는 약속 담론 역시 진정성 프레임에서 나온 것이다. 복지나 경제민주화 등의 공약을 파기했다는 문제 제기다. 특히 기초 선거 정당 공천 배제를 놓고서는 약속 대 거짓의 프레임을 가동하고자 했다. 기초연금법 논란에서도 거듭 65세 이상의 모든 노인에게 20만 원의 기초연금을 일괄 지급한다는 공약을 위반했다고 공세를 폈다. 약속 대 거짓 담론은 민주 대 반민주 구도의 변형이고, 본질은 찬반 프레임이다. 여당은 진정성이 없어서 약속을 깼지만 진정성을 가진 야당은 약속을 지킨다는 구도는 '쉽고 간명한' 구도가 아니다. 예컨대, 기초연금법 논란에서 여야의 차이는 기초연금을 국민연금과 연계할 것인지와 일괄 지급이냐 차등 지급이냐.

비유하면 0 대 100의 구도가 아니라 80 대 100의 구도라는 이야기다. 따라서 약속 대 거짓의 흑백논리로 재단하기 어렵다. 야당이 처음부터 이 문제를 약속 파기 여부의 찬반 프레임이 아니라 누구의 방안이 더 효율적인지를 따지는 우열 프레임으로 접근했다면, 야당이 발목을 잡는다는 역공에서 벗어나 복지 어젠다를 핵심 이슈로 만들어낼 수 있었을 것이다. 반대가 아니라 차이를 드러내는 방식으로 판을 바꿨어야 하는데, 이런 우열 프레임에선 진보 진영이 유독 약하다. 조금이라도 찬반 구도가 흐트러지면 금방 자신감을 잃고 우왕좌왕한다.

세월호 참사에 대해서도 야당의 대응은 무기력했다. 초기 대응이 부실하고, 안전 행정이 사실상 부재했다는 점은 야당이 지적하지 않아도 생방송을 통해 충분히 확인되는 사실이었다. 누구나 알고 있는 사실을 반복해서 외치는 것보다는 수권 정당 답게 구체적인 사실을 찾아내 문제의 본질을 정확하게 짚어내고, 공감을 일으키는 활동으로 신뢰를 확장해야 하는데 그렇게 하지 못했다. 세월호 참사의 관재 측면이 드러난 것은 희생자와 실종자 유가족의 항의와 희생된 어린 학생들의 휴대전화 동영상이었다. 사고 초기 이 문제를 정쟁의 소재로 삼는 모습은 피했어야 하지만, 지나치게 소극적으로 대처하다 보니 존재감을 보여주지 못했다.

이번 사건의 전개 과정에서 새정치민주연합이 사실관계에서나 초점 관리에서 이니셔티브initiative(주도권)를 보여준 것은 거의 미미했다. 사건 발생 열흘 정도 지나면서 뉴스의 포커스가 의도적으로 좁혀지고, 검찰의 수사에 끌려다니기 시작하는데도 이를 견제하는 역할을 야당이 아니라 유가족들이 감당하고 있는 건 새정치민주연합의 민낯을 드러내보이는 징표라 하겠다. 야당의 개입 없이 거의 자발적으로 형성된 국민적 슬픔과 대중적 공분에 기대 반사이익이나 누리고자 하는 행태로 비쳐진다면 그 효과는 단기적으로 끝나버릴 것이다. 미국의 9·11위원회 commission와 같은 조사 기구를 국회 차원이나 당내에 만드는 등 다양한 방식을 통해 안전을 새정치민주연합의 강점 어젠다로 만들어내는 게 중요해 보인다.

국회의 전체 의석 300석 중에서 130석을 가진 야당이라면 우리 정치는 더는 1.5 정당 체제가 아니다(2015년 10월 현재 128석). 사실상 두 정당이 거의 대등하게 움직이는 양당 체제다. 게다가 국회선진화법 때문에 야당의 협상력이 과거에 비해 현저하게 높아져 있다. 그런데도 일상 정치에서 보이는 야당의 힘은 이에 훨씬 못 미친다. 『삼국지』에서 조조가 일약 중원의 패자로 등장하게 되는 건 4분의 1의 병력으로 맞선 관도대전官渡大戰에서 원소군을 제압했기 때문이다. 이처럼 성패를 가르는 것은 병력의 수가 아니다. 대오를 탄탄하게 구축하고, 심리적 안정과 역할 분담으로 효율적인 시스템을 마련한 리더십이 요체다.

새정치민주연합은 국회의원 개개인이 부족을 대표하는 추장처럼 행사하면서 느슨하게 한 울타리에서 지내는 호족 연합체나 프랜차이즈 정당 같다. 이를 혁파할 리더십은 아직 부재하다. 대중의 사랑을 받는 스타는 몇 명 있지만, 조직을 단합시켜 미래를 개척할 지도자는 없다. 스타십starship만 횡행하고 리더십

leadership은 형성되지 못하는 정당은 결코 집권할 수 없다. 이런 점을 고려하면 새정치민주연합은 의석수로는 거대 정당이나 사회적으로는 소수 정당에 불과하다. 체격과 체력의 디커플링 decoupling(비동조화)에 비유할 수도 있겠다.

역사의 위임장, 세월호 참사

정치에서도 심리적 절충이 일어난다. 간단하게 말하면 이렇다. A 정당이 싫다. 마음에 안 드는 게 너무 많다. 비호감이다. 그런데 B 정당은 못 미덥다. 과거에 마음을 주었다가 실망하고 손해를 본 적이 있어 두려운 마음마저 든다. A 정당에 대한 느낌이 미움dislike이라면, B 정당에 대한 그것은 공포fear다. 미움과 공포가 동가同價의 정도라면 언제나 공포가 이긴다. 사람이 고통보다는 불안을 견디기 힘들어 하듯이 두려움은 싫은 감정을 넘어선다. 물론 미움의 정도가 매우 크고 깊다면 두려움을 극복할 수도 있다. 그런데 매우 밉지만 다른 한편 두려움도 클 때에 심리적 절충이 일어난다. A와 B 모두를 거부하는 것이다. 투표로 치면 기권이다. 또 다른 심리적 절충도 있다. 정당을 기준으로 삼지 않고 인물로 투표하는 것이다. 이는 현실적으로 A 정당에 대한

잔류로 나타난다. 예를 들면 A 정당에서 기존 후보가 아닌 새 인물을 내세울 때 지지하게 되는 경우를 말한다. 2012년 대선이 딱 이런 경우였다. MB와 새누리당은 싫으나 민주당은 아직 못 미더운 차에 MB와 다른 박근혜를 절충으로 선택했다는 말이다.

하나의 과정으로 보면 2012년 총선과 대선부터 2016년 총선과 2017년 대선에 이르는 기간이 한국 정치의 지형이 바뀌는 전환기다. 흔히 말하듯 87년 체제는 이미 그 활력을 소진했기 때문에 불가피하게 새로운 체제로 이행해야 한다. 어떤 체제로 갈지는 이 5년에 달려 있다. 특히 세월호 참사가 결정적 계기다. 보수든 진보든 먼저 낡은 껍데기를 벗어던지고 새롭게 태어나는 쪽이 상당 기간 우위를 점할 것이다. 세월호 참사를 계기로 이제는 진정성이 아니라 유·무능의 시험에서 이기는 쪽이 대세를 잡을 것이다. 세월호 참사는 이렇듯 어떤 미래를 맞이할 것인지 알아서 선택하라는 역사의 위임장이라 하겠다.

만들어진
허상과
그
적들

공천권은 누구에게 있는가?

"경제학은 정치적 논쟁이다. 과학이 아니고, 앞으로도 과학이 될 수 없다. 경제학에는 정치적, 도덕적 판단으로부터 자유로운 상태에서 확립될 수 있는 객관적 진실이 존재하지 않는다. 따라서 경제학적 논쟁을 대할 때 우리는 다음과 같은 오래된 질문을 던져야 한다. Cui bono(퀴 보노, 누가 이득을 보는가)?"

『장하준의 경제학 강의』에 나오는 한 대목이다. 장하준이 말하는 메시지는 분명하다. 어떤 이론이든 그것으로 인해 이득을 보는 사람이나 세력이 있다는 말이다. 그런데 사실fact이라고 하는 것도 따지고 보면 그 속에 일정한 편향bias이 들어 있기 마련이다. 우리가 접하는 '사실'은 이미 가공을 거친 경우가 많고, 또 숱하게 많은 사실 중에서 선택된 사실만 접하게 되기 때문이다. "모든 사실은 이미 이론이다The highest is to understand that all fact is really theory"라는 괴테Goethe의 말도 같은 이치를 담고 있다. 지적하고자 하는 바는 요컨대, 어떤 사실이나 이론은 누군가의 이익에 복무하기 위해 만들어지고, 지속적으로 재생산된다는 점이다.

정치에서는 이처럼 만들어진 허상의 사례가 참 많다. 가장 대표적인 것이 예비 경선, 즉 오픈 프라이머리open primary다. 언제부터인가 한국 정치에서는 오픈 프라이머리가 최고의 선善이자 정치 개혁의 핵심인 것처럼 간주되고 있다. 최근의 정치인들이 입에 달고 사는 말이 공천권을 국민에게 돌려주겠다는 것이다. 공천권을 돌려주기 위해서 오픈 프라이머리를 도입해야 한다는 논리다. 과연 그럴까? 오픈 프라이머리라는 제도가 미국에서 시작된 이유는 지역 독점의 정당 체제 때문이다. 미국 정치학자 샤츠슈나이더E. E. Schattschneider의 설명에 따르면, 특정 지역에서는 특정 정당이 사실상 독점하는 구도라서 정당 간 경쟁이 무의미해진 게 오픈 프라이머리의 탄생 이유다.

특정 정당의 후보가 무조건 이기는 구도라면 유권자들의 후보 선택권이 사실상 침해되는 셈이다. 따라서 특정 정당 내부에서라도 후보를 정할 때 유권자가 참여함으로써 선택권을 행사할 수 있도록 하기 위한 제도라는 말이다. 그런데 오픈 프라이머리에 대한 최근의 연구를 보면 대중의 참여를 위해 도입한 이 제도하에서도 결국 적극적인 활동가들activists만이 참여하는 것으로 확인되고 있다. 이러다 보니 일반적 대중의 의사에 의해 후보가 결정되는 게 아니라 적극적인 활동가, 즉 조직된 소수 organized minority에 의해 결과가 좌우되게 된다.

오픈 프라이머리를 하게 되면 정당의 약화는 불가피하다. 공직 후보자들로서는 당의 활동보다 대중 정치에 몰입할 수밖에 없고, 오픈 프라이머리를 지배하고 있는 조직된 소수의 마음을 얻는 데 집중하게 된다. 정당이 약화되면 선출된 공직자들은 강력한 이익집단의 일상적 로비에 의해 대표성과 책임성이 크게 훼손된다. 정당이 약화되고, 선거 결과를 정당 밖의 조직된 소수가 좌우하다 보니 현직자의 기득권을 지키기에 용이하다.

현직자, 예컨대 국회의원은 압도적 권력 자원을 바탕으로 그 어떤 도전자에게도 거의 절대적 우위를 누린다. 한국은 지구당이 사라져 풀뿌리 정당 조직이 없는 데다, 선거법에 의해 비非현직자의 정치 활동을 거의 대부분 막고 있기 때문에 현직자의 기득권은 난공불락이다. 지금처럼 정치 불신이 깊고, 국회의원에 대한 물갈이 여론이 높을 때에 오픈 프라이머리를 도입하는 것은 결국 현직자의 기득권을 유지해주고, 그럼으로써 기성 체제를 그대로 두자는 것과 다름없다.

2014년 7월 14일에 있었던 새누리당 당 대표 경선에서 김무성 후보는 오픈 프라이머리 도입을 공개적으로 천명했다. 2008년 총선 때의 '친박'이나 2012년 총선 때의 '친이'처럼 공천 학살은 없다는 점도 밝혔다. 당시 김무성 후보로서는 그럴 수밖에 없었던 측면이 있었다. 새로 선출되는 당 대표는 2016년 총선 공천권을 행사한다. 따라서 당내 다수를 점하는 친박 의원들이 비박 성향의 김무성 후보를 선택하게 하기 위해서는 그들의 낙천(공천 탈락) 두려움을 해소시켜줄 필요가 있었다. 더불어, 공천과 관련해 대통령의 눈치를 살펴야 하는 비박 의원들이 그러지 않아도 될, 다시 말해 청와대 눈치 보지 않고 김무성 후보를 선택할 수 있게 하는 안전판 역할을 오픈 프라이머리가 한다.

그런데 당의 대표가 공천권을 통해 의원들에게 위협감을 줄 수 없다면 리더십을 공고히 하기란 여간 어려운 게 아니다. 이 점이 김무성 대표가 불가피하게 직면하게 될 딜레마다.

정당에 부여된 고유 기능 중에 하나가 공천이다. 정당이라면 좋은 후보를 지지자들에게 제시해야 한다. 정당이 시민사회 또는 유권자들과 소통하는 방식은 정책과 인물과 조직 세 가지뿐이다. 현재처럼 정당 간의 정책 차별성이 약화된 데다, 정당 이외에 여러 조직이 정책을 제안할 수 있는 환경, 또 개개인에게 주어지는 정보의 양이 너무 많다는 점 등을 고려하면 인물이 갖는 중요성은 점점 두드러진다. 경쟁력 있는 인물을 내세우는 게 바로 공천이다. 그런데 이 공천을 국민에게 돌려주겠다고 하면 그 정당은 이미 정당으로 존재할 필요가 없다. 일반 유권자들이 쉽고 간명하게 선택할 수 있도록 최적의 후보를 '골라' 제시하는 수고로움을 정당이 감당하지 않겠다면, 그런 과정을 모두 유권자더러 하라고 한다면 정당이 왜 필요하겠는가. 각 당이 자신의 정체성, 노선, 비전에 걸맞은 후보를 제시하고 경쟁하는 가운데 유권자가 선택하도록 하는 것이 대의민주주의의 기본 논리다.

공천권은 정당에 있다. 유권자에게 주어지는 것은 선출권이다. 여기서 정당이라고 함은 당의 리더만을 뜻하는 게 아니라 당원까지 포괄한다. 공직 후보의 결정권을 어떻게 구성할 것인지, 즉 당 대표의 몫과 당원의 몫을 어떻게 나눌지는 정당마다 나라마다 다를 수 있다. 하지만 그 결정권 자체를 당이 포기하는 것은 일종의 자기부정이다. 또 하나 주목해야 하는 것은 공천권을 국민에게 돌려준다고 하지만 내용적으로는 그 '국민'이 특정 그룹을 뜻하는 경우가 많다는 점이다. 당내 경선에 적극 참여하는 일부 국민들이 편향된 성향을 일관되게 보인다면, 그것은 의사 결정의 민주화라기보다는 왜곡이라고 하는 게 옳다. 그뿐만 아니라 정당이 책임지고 후보를 공천하지 않는다면 선거에서 지더라도 정당에 그 책임을 물을 수 없다. 박수형의 아래와 같은 지적은 대단히 정확하고 통렬하다.

"정치 개혁의 대안으로 국민 참여 경선을 주장하는 사람들은 당원이나 일반 시민이 행하는 '자발적' 참여의 가치를 강조한다. 위로부터의 동원이 아닌 아래로부터의 참여가 민주주의의 진정한 기반이란 뜻이다. 그러나 정치 참여 행태를 주의 깊게 분석한 연구자들은 참여가 그렇게 자발적으로 이뤄지는 경우는 드물며, 대개 엘리트나 단체, 조직이 동원을 위해 노력한 결과로 참여가 이뤄진다고 말한다. 따라서 후보 선출 과정에서 당의 경계가 사라질 때 나타나는 일반 시민의 참여란 후보나 그들 조직

못지않게 당 밖에 포진한 주요 사회 집단, 이를테면 언론 매체, 이익단체, 사회단체와 전문가 그룹이 다양한 방식의 동원 활동에 관여한 결과로 이해할 수 있다. 비록 허약한 정당이라도 그 정당이 계속해서 선거에 참여해 더 많은 표를 얻고자 노력하는 한 선거 경쟁이 부과하는 책임성으로부터 자유롭기는 쉽지 않고 그런 정당에 의해 후보로 선출된 공직자 또한 정당과 동일한 책임성의 제약하에 놓이게 된다. 하지만 여러 이해관계로 후보 선출에 관여하는 언론이나 사회단체, 이익집단이나 지식인 또는 전문가에게 이와 같은 종류의 책임을 묻기는 어렵고 그들 당 밖 집단과 엘리트가 후보 선출 과정에 영향을 미치는 만큼 정당과 선거를 통한 책임성은 약화될 수밖에 없다."●

　　오픈 프라이머리는 쓸데없는 분란을 조장한다. 정당의 후보 선출 과정에 시민을 참여시켜 이른바 흥행을 이루어내고, 경쟁력 있는 후보를 만들어낼 것이란 가정은 틀렸다. 경험적으로 볼 때 흥행도 쉽지 않고, 공천에서 흥행이 가장 중요한 고려사항도 아니다. 같은 정당의 정강과 정책, 이념과 노선을 공유하는 사람들끼리 울타리 안에서 경쟁할 때는 울타리를 지키기 마련이다. 일부 조울적躁鬱的 행태를 보이는 인물이 나타날 수도 있지만 그것은 예외적 현상이다. 그런데 경쟁의 무대가 정당 밖으로

●박수형, 「국민 참여 경선은 민주주의? 대국민 사기극이야!」, 『프레시안』, 2012년 8월 3일.

확대되면 울타리는 무너지게 된다. 분열과 대립은 극대화되고, 심지어 당 밖의 유권자들에 의해 정당이 부정당하는 지경에 이른다. 정당 대 시민의 구도 아래에서는 정당이 천덕꾸러기나 세금 축내는 집단으로 비쳐질 수밖에 없다. 이러면 당원들이 소외감을 갖게 되고 결국 그 정당의 후보는 본선에서 경쟁력을 갖기 어렵다. 게다가 당내 지지를 기반으로 하지 않았기 때문에 공직자로 활동할 때, 정당 프레임에서 벗어나 자유로운 개인으로 움직이는 게 훨씬 합리적이고 자연스런 선택이다. 다시 박수형의 적절한 비판이다.

"같은 당 소속이어서 다른 당 사람보다 이념, 노선, 정책에서 유사한 입장을 가진 예비 후보들이 대의원과 당원을 넘어 일반 시민의 지지까지 얻고자 어떻게든 그들 간의 차이를 두드러지게 만들다 보면, 그런 종류의 동원 경쟁은 주관적이고 감정적이며 사소한 근거들에 의존할 가능성이 높다. 그렇지 않고 뚜렷한 이념, 정책상의 차이를 가지고 경쟁한다면, 그것 또한 그들 예비 후보가 굳이 같은 당에 속해야 하는가라는 의문을 낳게 된다. 어떤 경우든 예비 후보 간 경쟁이 치열할수록 당내 분열과 대립은 심화되고, 결국 그것은 샤츠슈나이더가 강조했던 후보 선출의 핵심 요건, 즉 당의 일치단결을 훼손하고 마는 것이다.

이런 이유로 미국 정당의 후보 선출 과정을 면밀히 관찰했던 한 연구자는 예비선거에서 나타나는 경쟁을 가족 성원들 간의 싸움에 비유하며, '진정한 예비선거는 본 선거에서 치르는 다른 정당과의 싸움보다 더 쓰라리고 더 지속적인 상처를 남긴다'고 말한 바 있다."●

리더십을 어떻게 만들어낼 것인가?

정당을 연구하는 학자는 많으나 정당 내부에 대한 연구는 거의 하지 않는다. 민주주의라는 것도 정당 내in party가 아니라 정당 간between parties의 문제로 이해한다. 무슨 말인가 하면, 정당 내부의 시스템이나 역학, 프로세스에 대해서는 비공식이나 커튼 뒤의 영역으로 남겨두어야 한다고 보기 때문이다. 이는 정당 내부의 일을 민주주의 잣대로만 평가해서는 안 된다는 함의含意를 담고 있다. 민주적 질서에 부합하는 기본적 절차만 준수하면 나머지는 리더십 또는 거래나 타협의 영역으로 남겨두자는 말이다. 그런데 한국 정치에서는 당내 민주화라는 이름으로 당내 리더십의 형성을 막고, 정치적 역동성의 공간을 아예 없애버리려 한다. 그 결과 나타난 것이 집단 지도 체제이고, 의원총회의 권

●박수형, 「국민 참여 경선은 민주주의? 대국민 사기극이야!」, 『프레시안』, 2012년 8월 3일.

력화다.

막스 베버가 말하는 지도자 민주주의라는 말에서 알 수 있듯이, 지도자의 존재나 리더십과 민주주의는 상호 배치되지 않는다. 당의 리더가 권한을 행사하는 것을 지나치게 제약하면 리더십이 형성되거나 실행될 수 없다. 물론 이런 조건에서도 전지하고 전능한 리더가 놀라운 설득력을 발휘하거나 범접할 수 없는 카리스마로 끌어가면 되지 않느냐고 반문할 수는 있다. 하지만 그런 초인적 리더십은 불가능한 기대다. 12년 동안 30명의 당 대표가 바뀐 결과 새정치민주연합이 얼마나 무기력하게 되었는지를 보면 알 수 있는 사실이다.

리더십이 발휘될 수 있으려면 권한을 행사할 수 있도록 재량권을 부여해야 하고, 또 일정 기간 그것을 보장해야 한다. 리더십은 안정된 임기를 보장하지 않으면 형성 자체가 불가능하다. 선출된 지 얼마 되지도 않은 상태에서 닥친 선거의 성패에 따라 당 대표의 진퇴가 결정된다면 누구라도 책임 있게 리더십을 펼치기 어렵다. 리더십 교체가 일상적으로 벌어지면 그와 경쟁했던 인물이나 세력은 이른바 동지로서 협조하기보다 반대함으로써 약화시키고 허무는 노력을 하기 마련이다. 반면, 그를 중도에 끌어내릴 수 없는 구도라면 경쟁자를 공격하는 네거티브

방식이 아니라 내실을 다지는 포지티브한 방식으로 차분하게 다음 전당대회를 준비하게 될 것이다.

새정치민주연합은 국가 운영과 관련된 선거, 즉 대통령 선거와 국회의원 선거에서 각각 두 번씩 연거푸 네 번을 패배했다. 그렇다면 당의 혁신이 절체절명의 과제로 제기될 수밖에 없다. 이 혁신이 어느 날 갑자기 이루어질 수 있을까? 불가능하다. 영국을 예로 들면, 18년 야당 생활을 청산할 때, 그 주역인 토니 블레어가 등장하기 전까지 닐 키녁Neil Kinnock은 10년 동안 당 대표직에 머물렀다. 그 이전의 클레멘트 애틀리Clement Attlee는 20년 동안 야당 대표를 지냈다. 혁신이나 개혁 과정에서 선거에서 패배하는 경우는 얼마든지 있을 수 있다. 혁신이 이루어지기까지는 상당한 시간이 걸리기 때문이다. 아무리 짧게 잡아도 새정치민주연합의 당헌·당규에 정해진 대표 임기 2년이 필요하고, 더 합리적으로 본다면 4년 정도가 적당하다. 혁신의 성패를 총선 결과로 따질 수 있기 때문이다. 원칙적으로 해마다 4월과 10월 두 차례 있는 재·보궐 선거의 결과에 따라 지도부의 진퇴가 결정되는데, 어떻게 2~3년이 소요되는 혁신 프로젝트를 추진할 수 있겠는가.

당을 이끌어가는 리더십 구축이 봉쇄되면 분파(정파 또는 계

파) 간 갈등이 늘어나는 것은 순리다. 불안정한 체제 속에서는 무리를 짓는 게 효율적인 생존법이기 때문이다. 그런데 이 계파라는 게 정책이나 노선을 기준으로 나뉘어 경쟁한다면 부작용보다는 긍정적 작용이 크다. 반면 어떤 인물과의 친소 관계를 기준으로 계파가 형성되어 서로 경쟁한다면 그것은 아무리 좋게봐도 이익 동맹에 불과하다. 권력과 생존을 위한 편 가르기와 다름없다. 다른 나라의 예에서 보듯이, 어떤 정당이 비전과 노선을새롭게 정립할 때는 당내 분파의 역할이 대단히 중요하다. 당의노선 변화가 일사불란하게 이루어질 수 없는 탓이다. 이 경우 분파를 변화의 엔진에 비유할 수 있다. 하지만 생존을 위한 방편으로 존재하는 분파, 즉 계파는 혼란의 엔진이라 할 수 있다. 영국자유당이란 메이저 정당이 몰락하게 된 이유도 당내 분열, 즉 분파 간 대립과 반목이었다.

소선거구·단순다수제의 선거제도는 양당제duopoly를 낳는경향이 아주 강하다. 소위 '뒤베르제의 법칙Duverger's Law'이다.엄밀하게 말하면 법칙이라고까지 할 건 아니지만, 어쨌든 경향성을 띠는 것만은 분명해 보인다. 물론 양당제라고 해서 나머지군소 정당이 아예 없다는 뜻은 아니다. 큰 정당 두 개가 정치와의회를 사실상 지배한다는 의미다. 문제는 큰 정당이기 때문에 그 속에서 작은 단위, 즉 분파로 나뉘는 게 불가피하다는 점이다. 단순하게 말하면, 양당제는 당내 분파를 조장한다. 그 때문에 강력한 리더의 존재가 없을 때, 양당제하의 정당들은 당내 계파 갈등을 어떻게 관리하고 조정하느냐가 구조적 숙제일 수밖에 없다. 그렇다면 어떻게 해야 할까? 당의 밀도density를 높이는 게 한 방법이다. 당의 밀도는 당의 다양한 구성원이 골고루 참여해서 동질감을 제고하는 것이다.

정당의 구성원은 크게 볼 때, 대통령·단체장·국회의원을 비롯한 각급의 선출직 공직자, 원외 지역위원장(또는 당협위원장), 중앙위원, 당무위원, 대의원, 당원 등으로 구성된다. 여기에 선거에서 표를 준 지지자도 포함될 수 있다. 이들이 당의 이름하에 긴밀하게 소통하면서 공감의 공동체가 되도록 하는 것이 중요하다. 이 중에서 가장 눈에 띄는 역할을 하는 구성원이 국회의원이다. 국회의원들이 과도하게 의사 결정권을 독점할 때는 당의 밀도가 현저하게 떨어지기 마련이다. 당의 주요 안건, 특히 혁신에 대한 결정이 국회의원들의 손에 맡겨질 때 계파주의는 더 극심해질 것이다. 국회의원의 다수만 모으면 어떤 것이든 결정할 수 있기 때문이다. 지금처럼 지구당이 없어져 정당의 풀뿌리 조직이 사라진 상태에서는 국회의원이 당내 어떤 구성원의 눈치도 볼 필요가 없다. 거의 완벽하게 자유로운 존재이자 견제 없는 권력이다.

국회의원의 신앙은 재선이다. 재선이 가장 중요한 이해 interest이기 때문에 모든 활동을 여기에 맞춘다. 이와 달리 정당은 의회 다수 의석을 차지하거나 대선에서 이겨 집권하는 게 일차적 목표다. 당의 집권과 국회의원의 재선은 가끔 충돌하기도 한다. 당의 혁신을 위해 인적 쇄신이 필요하다고 한다면, 이는 국회의원의 재선을 저지하는 것으로 나타난다. 누군가 공천을 못 받는 상황이 생긴다는 이야기다. 국회의원들의 목소리만 득세하면 이들을 공천하지 않을 힘을 그 누구도 갖기 어렵다. 당의 기율紀律이 허약한 상태라 탈당을 통한 독자 출마로 위협한다면 그것은 강력한 힘을 발휘한다. 이렇게 되면 대개 재선 열망이 집권 목표를 누르게 된다. 익숙한 인물들이 식상한 슬로건으로 다시 등장하게 되더라도 양당제 효과 때문에 상당수 국회의원들이 재선에 성공할지는 몰라도 당의 집권은 멀어져만 간다. 이 딜레마를 풀어주는 것이 당의 리더십이고, 당내 의사 결정 시스템이다. 리더십이 안정되고, 당내 의사 결정에 국회의원들이 전권을 행사하지 못하도록 해야 한다. 그래야 개인보다는 당의 선차성supremacy이 지켜진다.

대통령제는 삼권분립, 특히 입법부와 행정부 간의 제도적 경쟁을 전제로 한다. 대통령과 국회의원이 모두 보통선거를 통해 선출되기 때문이다. 이중적 정통성dual legitimacy이다. 그 때문에 대통령과 국회의원은 국정 운영을 놓고 경쟁할 수밖에 없다. 이것은 대통령제의 피할 수 없는 숙명이자 단점이다. 둘이 극단적으로 대립할 경우 이를 해소할 제도적 장치가 없다. 미국의 예에서 보듯이 대통령과 의회 다수 의석의 정당이 서로 다를 때, 극한 대립으로 인해 정부의 일부가 잠정 폐쇄되는 지경에 이르기도 한다. 두 기관의 대립을 파국으로 이끌지 않도록 하는 거의 유일한 동력이 바로 여론이다. 여론의 압박을 의식해 이러다간 다음 선거에서 패배할 수 있다는 계산으로 타협이 이루어진다. 미국은 대체로 이런 방식으로 이 제도의 단점을 해결해왔다. 한국에서 이 문제를 해결하는 방식은 정계 개편 또는 탄핵이었다. 노태우 정부는 3당 합당으로 이 문제를 풀었다. 노무현 정부 시절 의회 다수 의석을 점유한 정당들이 연합해 대통령을 탄핵해버렸다. 힘으로 갈등을 제거하고자 한 셈이다.

정치 불신, 그중에서도 특히 국회에 대한 불신이 계속 늘어나고 있다. 국회가 잘하는 게 없으니 불신의 강도가 높아지는 것은 당연하다. 그러나 국회가 왜 못하는지는 짚어볼 문제다. 입법부가 국정의 발목을 잡고 있다는 표현처럼 한국은 행정부 우위의 심리적 토대가 아주 튼튼하다. 국회도 국민의 대표로 구성되는 만큼 그들의 판단대로 입법 과정을 처리할 권한을 갖고 있다. 행정부는 잘하려고 하는데 입법부가 당리당략 때문에 제동을 걸고 있다는 식의 이해는 심각한 왜곡이다. 군사독재정권의 잔재다. 헌법에 입법권은 국회에 있다는 단순한 사실에 비춰보더라도, 입법부는 행정부가 하는 일에 열심히 보조를 맞춰야 한다고 보는 것은 잘못이다. 과거 정통성이 부족한 군사정권의 독재자들은 입법부를 거수하는 '통법부'로 만들었다. 걸핏하면 날치기를 일삼았다. 몸싸움이 벌어지는 국회를 누군들 좋아하랴. 국회 불신이 높아질수록 대통령에 대한 기대는 높아지고, 대통령이 국민의 대변자라는 인식은 강해졌다. 군사정부가 아니더라도 대통령은 입법부와 제도적으로 경쟁해야 하기 때문에 입법부에 대한 신뢰가 떨어질수록 득을 보기 마련이다. 그 때문에 행정부는 끊임없이 '지질한' 국회의 모습을 보여주기 위해 노력한다.

이철희의 정치 썰전

잘못된 허상과 헛된 신화 깨기

불행하게도 잘못된 허상 또는 헛된 신화라고 해서 그냥 사라지지 않는다. 누군가 그것을 지속적으로 재생산해내기 때문이다. 어떤 해석이나 관점을 평가할 때에는 과연 이런 해석이나 관점이 누구에게 유리한지를 따져보는 게 유용하다. 결국 누군가 득을 보기 위해 그런 해석과 관점을 지지하고, 환기시키고, 부추기기 때문이다. 잘못된 허상과 헛된 신화는 잘못된 처방과 헛된 노력을 낳는다. 고비용 정치를 해소한다는 차원에서 정당의 풀뿌리 조직인 지구당을 없앤 게 단적인 예다. 정당이 시민사회와 유권자와 소통하는 조직적 채널이 바로 지구당인데, 이를 없앤 탓에 결국 정당은 쇠퇴 일로를 겪고 있다. 정치와 유권자를 연결하는 채널이 언론밖에 없다 보니 언론의 힘이 더없이 커졌다. 참여 담론이 대두된 한 이유이기도 하다.

좋은 정치는 정확한 이해, 적절한 제도 설계, 합리적 관행 등에서 만들어진다. 이런 측면에서 특정의 이해를 위해 의도적으로 만들어낸 인식과 관념을 걸러내는 것도 정치 발전을 위해 꼭 필요한 작업이라 하겠다. 세상이 저절로 좋아지지 않듯, 잘못된 허상과 헛된 신화도 부단한 노력을 거쳐야 사라진다.

국회의원을
늘려야
할까?

국회의원 정수를 둘러싼 갈등

국회의원의 수를 둘러싼 갈등이 새삼 불거지고 있다. 2012년 대
선에서도 이 갈등이 표출된 바 있다. 안철수 의원이 국회의원 수
를 줄이겠다고 이야기했다가 정치학자들에게서 뭇매를 맞았다.
그러나 당시엔 정치적 이슈로 등장하지 않았다. 지금은 다르다.
이번에 국회의원의 수를 늘리자는 제안이 등장하게 된 이유는

이철희의 정치 썰전

헌법재판소가 인구 편차 3 대 1이 위헌이라고 판정했기 때문이다. 2 대 1 이하로 줄이라고 했기 때문에 현재 246개의 지역구가 조정되는 것은 불가피하다. 단순 셈법으로는 지역구의 수가 늘어나는 게 당연하다. 얼마나 늘어날지는 모르지만, 300명을 정원으로 할 때 지역구 숫자가 늘어난다면 54석의 비례대표가 줄어들 수밖에 없다. 사실 지금도 비례대표의 수가 적은데 이게 또 줄어들 수 있다니 정치권 안팎에서 논란이 일어날 수밖에 없다. 대안은 지역구를 현재의 수로 동결하거나 축소하는 것인데, 현역 국회의원들의 반발을 생각하면 녹록지 않다.

그래서 다시 등장한 해법이 바로 국회의원 정수 확대다. 즉, 지역구를 가진 현역 국회의원들의 기득권을 인정할 필요와 비례대표를 늘려야 한다는 요구를 모두 충족하기 위한 방안이 국회의원 정수 확대라는 뜻이다. 정의당의 심상정 대표는 지역구 240명에 비례대표 120명의 총 360명 안을 제시했다. 새정치민주연합의 문재인 대표는 두루뭉술하게 400명을 언급했다. 이에 대해 예상한 대로 새누리당과 보수 언론은 비판과 질타를 쏟아냈다. 새누리당의 김무성 대표는 더 늘릴 수 없다며 이렇게 말했다. "선관위 의견을 들어보니까 지역구에서 두 개 늘어나면 다 해결된다고 하는데 (이를 위해) 300석에서 두 석을 더 늘릴 것이냐, 비례대표에서 두 석을 줄여서 300석을 유지할 것이냐는 국회 정치개혁특위에서 결정할 문제다."

반면, 대표적인 시민단체인 참여연대는 증원에 찬성한다. "다양해진 사회구성원들의 다양한 정치적·입법적 요구를 반영하고 비대해진 행정 권력을 견제하기 위해서는 국민의 대표자인 국회의 기능을 활성화하는 것이 필요하다. 이를 위한 방편으로 비례대표 의원이 현재보다 더 많아야 하며, 국회를 구성하는 의원들의 숫자도 적정하게 확보해야 한다. 지금과 같이 사표가 다수 발생하고 지지율이 의석 배분에 제대로 반영되지 않는 상황에서 비례대표 축소는 개악이다. 더욱이 지역구 의석을 줄이기 어려운 현실을 고려하면 비례대표 확대를 위해 의원 정수를 늘리는 것이 불가피하다. 우리 국회의원 수는 다른 나라와 비교해볼 때 많지 않다는 것이 알려진 사실이다. 현재 국회의원 1인이 대표하는 인구수는 평균 16만 6,000여 명으로, 프랑스 9만 3,000여 명, 영국 9만 7,000명, 독일 12만 명 등 주요 의회(양원제 국가는 상·하원 포함)와 비교해 차이가 크다."•

정치학자들은 대체로 국회의원의 수를 늘리는 데 동의한다. 극소수 반대하는 학자들이 있기는 하지만 이 정도면 일종의 합의general agreement라고 해도 과언이 아니다. 그런데 현역 국회

• 「의원 정수 확대 논의 금기의 영역 아니다」, 『참여연대』, 2015년 4월 8일.

의원들은 대부분 반대한다. 기득권은 줄고, 경쟁은 느는 탓이다. 정치 이슈 중에서 정치학자들과 정치인들 간에 의견 차이가 있는 것이 적지 않은데, 그 대표적인 예가 국회의원 증원이다. 의회의 국회의원 정수는 정치적 대표성과 관련된 중요한 문제다. 의원 수가 적다면 의원 1인이 대표하는 유권자의 수가 아주 커질 것이고, 그만큼 유권자의 정치적 대표성은 약화될 것이다. 현대의 민주주의가 대의민주주의라는 점을 감안하면 의원 1인이 대표하는 유권자의 수는 적을수록 좋다. 그렇다고 해서 의원 수가 무조건 많은 게 좋은 것은 아니다. 효율성이 저해되기 때문이다. 지나치게 많으면 의사 결정 과정에 많은 잡음이 발생하는 등 시간과 비용이 많이 들 수 있다. 대표성과 효율성을 적절하게 결합하는 것이 국회의원 정수의 핵심 과제다.

국회의원 정수는 왜 늘려야 하는가?

국회의원의 수를 늘리는 것은 어떤 관점에서 보느냐의 문제이기도 하다. 국회의원 증원을 세금 문제로 보느냐, 국민 정치 서비스의 문제로 보느냐에 따라 호오好惡가 달라진다. 국회의원 1인당 국민 세금으로 지원하는 돈이 제법 많다. 내란 음모 혐의로 현재 구속 중인 이석기 의원에게 1년 동안 지급된 경비가 6억 2,800만 원이라고 한다. 새누리당이 이 돈을 반환받아야 한다고 하면서 내놓은 성명에 따르면, 이 금액 중에는 의원 개인에게 지급되는 세비 1억 4,400만 원, 보좌직원 인건비 4억 3,900만 원, 의원실 운영 경비 4,500만 원 등이 포함되어 있다. 1년에 6억 원이 넘는 돈을 받는 국회의원을 늘린다는 것을 좋아할 유권자는 거의 없다. 그만한 돈을 받을 만큼 일을 하고 있다고 보지 않기 때문이다.

강원대학교가 국회에 용역보고서로 제출한 「국회의 대국민 이미지 개선 방안」에 따르면, 2010~2013년 세계가치관조사 결과 국회를 신뢰한다는 여론은 26퍼센트에 불과했다. 1980~1984년에 실시한 첫 조사에서 국회는 66퍼센트의 신뢰를 받았는데, 1990년대에는 33퍼센트, 2000년대에는 31퍼센트로 추락했다. 민주화 이후에 국회의 신뢰도가 현저하게 떨어졌다. 노르웨이, 스웨덴, 스위스 등은 50퍼센트가 넘는 신뢰도를 보였고, 독일, 프랑스, 스페인, 네덜란드, 이탈리아는 30퍼센트를 넘는다. 같은 보고서에 따르면, 기관별 신뢰수준 평가에서 국회는 4점 만점 중 1.54점으로 가장 낮았다. 주목할 만한 점이 있다. 주관적 계층 인식을 기준으로 보면 스스로 최상층에 속한다는 집단의 국회 신뢰도는 무려 2.33점으로 최하층(1.48점), 하층(1.39점), 중하층(1.50)에 비해 크게 높다는 사실이다. 이런 신뢰 환경도 국회의원 수를 늘리는 데 불리한 요인이다.

이런 분위기 때문에 국회의원 수를 늘리더라도 국회의원 관련 경비는 300명일 때의 총액을 그대로 유지하는 방안이 제시되고 있다. 돈이 문제라면 돈이 더 들어가지 않도록 하면 되지 않느냐 하는 반론이다. 하지만 세비와 각종 경비 지원을 줄이면 돈 없는 사람이 정치하기 더 어려워지는 단점이 생긴다. 후원회 제도가 있으나 소수를 제외하고 후원회가 활성화되지 못하고 있는 게 현실이다. 따라서 후원회 제도를 손질하는 것도 필요하다. 현 제도의 가장 큰 단점은 후원금 모금 행사를 열지 못한다는 점이다. 그러다 보니 출판기념회가 대체 수단으로 활용되었다. 후원회 주최로 모금 행사를 열 수 있도록 허락해야 한다.

선거 결과와 의석수에 따라 지원되는 국고보조금 제도도 손질해야 한다. 정당 후원회를 허용하고, 정당이 후원회를 통해 모금하는 액수만큼 국고를 보조해주는 매칭 시스템으로 가는 게 옳다. 정치인이나 정당이 유권자나 당원에 더 의지하게 만드는 것은 정치인들이 유권자의 목소리에 귀를 기울이는 효과를 낳는다. 지금의 국고보조금 제도는 정치인이 유권자와 유리된 채 독자적으로 생존할 수 있게 하는 카르텔화cartelization를 지향하고, 이는 정치인을 무능하게 만든다.

바람직한 의원 정수를 정하는 데 합의된 공식은 없다. 레인 타게페라Rein Taagepera와 매슈 슈가트Matthew Shugart라는 학자들이 여러 국가의 경험적 사례를 추적해 제시한 공식은 있다. "경험적으로 의석수는 인구수의 세제곱근에 비례한다." 한국의 인구를 대략 5,000만 명으로 잡으면, 368명이 정수다. 김재한 교수는 민주국가의 의원 1인당 평균 인구를 8만 2,960명으로 제시한 바 있는데, 이에 따르면 인구 5,000만 명을 기준으로 할 때 적정 의원 수는 602명이 된다. 김도종·김형준 교수는 2003년 한 논문에서 OECD 회원 국가의 인구수와 GDP 규모, 정부 예산액, 공무원 수를 고려해 적정 의원 수를 379석으로 제시했다. 그때보다 인구가 늘어났으니 2015년을 기준으로 하면 이보다 늘 것이다.

한국의 의원 정수는 어떤 기준으로 보든 글로벌 스탠더드에 못 미친다는 게 중론이다. 인구수가 한국과 비슷한 영국은 의원 수가 650명이다. 또 복지국가인 스웨덴, 핀란드, 덴마크, 노르웨이는 의원 1인당 인구수가 3만 명이 채 안 된다. 오스트리아도 4만 명이 조금 넘는 수준이다. 인구 규모가 다르다는 점을 감안해야 하지만, 복지와 대표성 간의 상관성을 보여주는 지표라 할 수 있다.

세계에서 의원 1인당 인구수가 가장 많은 미국을 비교 준거로 삼는 경우가 있다. 이는 지나친 미국 숭배다. 정치의 질에 관한 한 미국은 후진국이다. 미국의 의원 1인당 인구수는 계산 시점에 따라 구체적 수치는 다르지만 대체로 70만 명이 조금 넘는다. 세계 1등이다. 하지만 처음에는 달랐다. 1776년 건국 당시 13개 주 대표들은 인구 3만 3,000명당 1명씩 65명의 하원의원으로 의회를 구성했다. 이후 인구 증가에 따라 의원 수도 늘어나 1929년에 지금의 435명이 되었다. 이때부터 의원 수는 인구가 증가했지만 늘어나지 않았다. 의원 수가 많아지면 예산이 많이 든다는 여론에다, 공화·민주 양당 모두 의석 확대에 의지가 없었기 때문이다.

그런데 주목할 언급이 있다. 미국 건국 당시 13개 주 대표들이 이렇게 말했다. "미래에도 인구 대비 의원 비율이 최대 5만 명당 1명을 넘어선 안 된다." 의원 1인당 인구수가 늘어나면 대표성이 약화되기 때문이다. 또 하나의 주목할 만한 언급이 있다. "의원 수가 적으면 대표성 약화로 민의 수렴이 안 된다. 그 결과 민주·공화 양당은 소수의 열혈 지지층만 대변하게 되고 이는 미국 정치의 분열을 심화시킨다." 미국의 하원의원 수를 3,000명으로 늘리자는 운동을 펼치고 있는 시민단체의 주장이다. 두 언급 모두 우리가 새겨야 할 지적이다.

국회의원 정수 확대는 어떤 효과가 있는가?

입법부의 고유 기능 중에 하나가 행정부 견제다. 입법부가 행정부를 제대로 감시·감독하도록 하기 위해 택할 수 있는 방법은 크게 두 가지다. 첫째는 의원 스태프staff의 수를 늘리는 것이다. 국회의원의 의정활동을 돕는 사람의 수를 늘려 제대로 역할을 할 수 있게 하는 방식이다. 미국이 대표적이다. 미국 상원은 대표하는 주의 인구수에 따라 차별을 두지만 대체로 많은 스태프를 두고 있다. 한국행정연구원이 2013년 발간한 「정부 3.0시대 국회 입법지원조직의 기능 강화 방안 연구」에 따르면 2009~2010년 기준 의원 1인당 평균적으로 상원 약 43.5명, 하원 약 16.9명이다. 둘째는 의원의 개인 스태프를 늘리기보다 의원 수를 늘리는 방식이다. 의원 수를 늘려 감시·감독의 효율성을 높이는 방식이다. 경험적으로 보면 대체로 의원 1인당 인구수가 적은 나라일수록 입법부의 행정부 감시가 더 효율적이다.

어떤 방식을 택할지는 나라마다 다르지만 스태프를 늘리는 것은 현역 의원의 기득권을 확대하는 방식이고, 의원 수를 늘리는 것은 경쟁을 격화시키는 방식이다. 어느 방식이 효율적인지는 분명하다.

지금 의원 정수를 늘린다면 그것은 비례대표 확대로 나타난다. 각 당은 비례대표를 한 번만 할 수 있도록 제한하고 있다. 비례대표가 100명이나 그 이상으로 늘어난다면 이들이 다음 선거에서는 지역구로 몰려 갈 수밖에 없다. 경쟁 강도가 획기적으로 높아질 것이다. A당의 현역 지역구 의원이 있는 곳에 B당 소속 비례대표 현역 의원이 도전장을 내민다면 경쟁은 치열해지기 마련이다. 지금은 느긋하게 현역 프리미엄을 누릴 수 있다. 선거법의 제약 때문에 현역이 아닌 도전자들이 할 수 있는 것이 거의 없다. 반면에 현역은 할 수 있는 것이 많다. 따라서 현역 대 현역의 구도로 일상적 경쟁이 벌어진다면 현역 프리미엄은 사라진다. 이렇게 되면 정치인들은 고달프겠지만 그 혜택은 고스란히 유권자에게 돌아간다. 민주정치는 경쟁이 생명이다. 정당·인물 간 경쟁이 없으면 민주정치는 기능부전malfunction에 빠진다. 의원 정수 확대는 곧 경쟁의 확대, 정치의 활성화와 다름없다.

어떻게 계산된 것인지 모르지만 국회의원들은 200개 정도의 특권을 갖는다고 한다. 전형적인 반정치anti-politics의 담론이다. 과연 200개 정도의 특권을 누리는지, 이것이 과연 불필요한 특권인지는 논외로 하더라도 그 특권이 왜 유지되는지 따져보아야 한다. 특권과 소수는 상보성을 갖는다. 특권이라는 것이 다수에게 허용된다면 그것은 특권이라 할 수 없다. 예컨대 봉건제나 귀족정에서 교육은 소수만이 누리는 특권이었다. 그러다가 근대로 넘어오면서 보통교육common education이 시행됨에 따라 교육은 기본권이 되었다. 이런 점에서 특권을 없애는 하나의 방법이 바로 물리적인 수를 소수에서 다수로 바꾸는 것이다. 변호사나 의사가 지나치게 많은 특권을 누리는 구조를 바꾸기 위한 개혁 방안이 그 수를 늘리는 것이다. 수가 늘어나면 그들 간의 경쟁 때문에 특권은 줄어들 수밖에 없다. 싸고 질 좋은 법률 서비스와 의료 서비스를 보통 사람들이 누릴 수 있게 된다.

"어떤 집단이 특권을 누리는 가장 기본적인 방법이 그 수를 제한하는 것임을 생각하면 쉽게 이해할 수 있다. 우리 사회에서 제도적으로 보장된 특권이 많은 대표적 집단은 변호사다. 그리고 그것을 가능하게 하는 일차적 조건은 그 수가 법적으로 제한되어 있다는 점이다. 그래서 대중이 법률 서비스에 더 쉽고 저렴하게 접근하기 위해서 요구된 법조 개혁의 핵심에는 항상 변호사 수 증대가 있었던 것이며, 대한변협이 갖은 이유를 들어 그 수가 크게 늘어나지 않도록 애쓴 이유도 거기에 있다. 변호사는 수가 늘면 특권이 주는데, 왜 국회의원은 수가 늘어도 특권이 그대로이거나 늘어나겠는가?"● 한신대학교 사회학과 김종엽 교수의 정리다. 이처럼 의원 수를 늘리는 것은 질적 개선을 낳는 효과적인 수단이다.

국회의원 수를 늘리면 국민 세금이 더 들어가는 게 아니라 덜 들어갈 수도 있다. 서복경 박사는 말한다. "유럽의 경우 의원 1인이 의정 활동을 통해 아끼는 나랏돈이 의원 1인에게 들어가는 세비보다 몇 배나 많다는 연구 논문도 있다."●● 국민 세금이 제대로 쓰이는지 감시하는 일은 입법부가 상시적으로 해야 할 일이다. 2015년을 기준으로 376조 원의 국가 예산을 300명이 감시한다면 1인당 1조 2,533억 원이다. 400명이라면 9,400억 원으로 줄어든다. 감시 대상액이 작아지면 더 꼼꼼하게 할 수 있다. 게다가 의원들 간에 감시 경쟁이 벌어지면 국회의원에게 세금 들어가는 것보다 훨씬 더 많은 세금 낭비를 줄일 수도 있다. 이렇듯 결과적으로 국민에게 더 이익이 될 수도 있다.

"실제로 의원 수가 늘면 어떤 일이 생길지 보자. 무엇보다 경쟁의 심화가 일어날 것이며, 그로 인해 자신의 존재감과 가치

● 김종엽, 「국회의원 수를 늘리면 특권은 줄어든다」, 『한겨레』, 2015년 3월 2일.
●● 이오성, 「뜨거운 감자, 의석수 늘리기」, 『시사IN』, 2014년 12월 2일.

를 입증하기 위해 의원들은 지금보다 더 열심히 활동하지 않을 수 없다. 그런 의정 활동의 핵심은 행정부의 부패와 무능 그리고 낭비를 감시하는 일인데, 잘 작동하는 의회가 절약할 수 있는 예산은 의원들의 세비와는 단위가 한참 다르다. 의원 1인당 비용이 6억이니 7억이니 하지만 방산비리는 수백억, 자원외교는 조 단위로 문제가 터지지 않는가? 그런 비리는 결국 검찰이 밝히지 않느냐고 할 수 있지만, 그런 일이 생기지 않도록 막는 일은 검찰이 아니라 의회의 몫이다."● 역시 김종엽의 날카로운 통찰이다.

의원 수가 늘어나면 상대적으로 부패도 줄어들 것이다. 돈을 주는 사람의 입장에서 보자면 줄 대상이 늘어나는 것이다. 하지만 그 대상이 가진 힘은 줄어들었으니 비용은 더 들고 효과는 적은 셈이다. 일부 의원을 이른바 '관리'하더라도 관리되지 않은 다른 의원들이 더 많기 때문에 그들의 견제로 로비가 성사되기가 매우 어려운 구조다. 부패도 소수에게 권한이 주어져 있을 때 가능하다. 의원 수가 늘어나 권한이 분산되면 부패가 먹힐 가능성이 줄어든다. 물론 경쟁이 치열해져 의원들이 로비에 유혹될 동기도 커지겠지만, 자신이 할 수 있는 권한이 줄고 내부 견제도 심해질 것이기 때문에 부패가 줄 것이다. 양이 쌓이면 질이 달라진다는 '양질 전화의 법칙'이 떠오르는 대목이다. 의원들

●김종엽, 「국회의원 수를 늘리면 특권은 줄어든다」, 『한겨레』, 2015년 3월 2일.

간에도 상하의 수직적 관계보다는 좌우의 수평적 관계에 의한 협의정치가 늘어날 것이다.

의원 수가 늘어나면 정치 행태도 달라질 수밖에 없다. 계파주의가 약화될 것이다. 계파주의가 생기는 이유는 두 가지다. 하나는 소수의 조직화로 전체의 결정에 영향을 끼칠 수 있기 때문이다. 또 하나는 재선 여부가 본선 경쟁이 아니라 내부 공천 여부에 달려 있기 때문이다. 그런데 의원 수를 늘리면 소수의 조직화로 얻는 실익이 그다지 없어진다. 게다가 지역구에서 경쟁이 치열해질 수밖에 없기 때문에 내부 공천에만 신경 쓸 수 없다. 지역구에서 경쟁력 제고로 승부하는 것이 합리적인 선택이 된다. 국회의원들이 지역구 활동을 열심히 하면 유권자의 요구에 민감하게 반응할 것이고, 그렇게 되면 친소 관계에 의한 계파보다는 가치를 중심으로 하는 정파를 지향하게 될 것이다.

하나의 요인에 의해 정치의 질이 달라진다고 보기는 어렵지만, 의원 정수가 늘어나면 정치의 질이 좋아지는 쪽으로 움직일 가능성이 크다. 의원 수를 늘리는 두 방법 중, 지역구가 아니라 비례대표 의원의 증원으로 간다면 복지 등 계층적 이해를 대변하는 전국적 어젠다national agenda가 선거의 주제나 쟁점으로 부각될 것이다. 지역구 제도는 선거 어젠다나 이슈를 잘게 쪼개는 경향을 갖는다. 이런 구도에서는 지역개발 공약이 경쟁의 주축이 될 수밖에 없다. 지역구에서 의원 수를 늘리는 다른 방법으로 가더라도 그렇게 되면 의원 1인당 인구수가 현재보다 줄어들기 때문에 지역개발 등 토건 어젠다가 끼치는 영향력은 현저하게 줄 것이다. 지역구가 적은 인구수로 쪼개질수록 그 지역민만을 대상으로 하는 개발 공약을 제시하기 어렵기 때문이다.

　또 하나 중요한 변화가 예상된다. 의원 1인당 인구수가 줄면 정치인(국회의원)의 활동이 유권자의 눈에 잘 띄게 된다. 유권자가 정치인이 뭐하는지 쉽게 알 수 있다는 이야기다. 선거 때 유권자는 의원이 어떻게 활동했는지 알고 투표할 수 있게 된다. 국회의원으로서는 유권자를 자꾸 의식하게 되고, 두려워하게 된다. 유권자의 곁에서 그들의 이해와 요구를 챙기는 노력을 펼쳐야 한다. 정치인과 유권자의 거리가 좁혀지는 셈이다. 그야말로 대중 정치가 활성화되고 권력 정치는 줄어들게 될 것이다. 스웨덴처럼 의원 1인당 인구수가 적은 나라일수록 의원의 특권은 줄며, 의원이 보통 사람 중에서 배출되고, 그 활동도 주로 유권자 속에서 이루어진다.

　좋은 정치는 유권자의 이해와 요구에 민감하게 반응하고 책임지는 정치다. 이런 정치는 정치인들이 유권자의 눈을 의식하고, 유권자의 평가를 두려워할 때 가능해진다. 재선을 목표로 하는 국회의원이라면 의당 유권자들의 비위(이해와 요구, 선호와 열망)를 맞추려 노력하는 게 정상이다. 정치의 질이 좋아질 수밖에 없다. 국회의원 정수를 늘리는 것은 유권자가 싸고 질 좋은 정치 서비스를 받을 수 있는 하나의 방법이다.

절실한 정치의 정상화

1945년에 비해 유권자의 수는 엄청나게 늘어났지만, 그에 비해 의원의 수는 그만큼 늘어나지 않았다. "1948년 제헌국회 때 국회의원 수는 200명이었는데 당시 유권자 수가 784만 명이었다. 의원 한 명이 평균 3만 9,000명을 대표했다. 5·16 쿠데타 이후의 첫 국회의원 선거였던 63년 국회의원 선거에서 유권자 수는 1,334만 명이었고, 의원 정수는 175명이었다. 당시 의원 한 명은 7만 6,252명을 대표했다. 이후 상당한 기간 동안 이 규모가 유지됐다. 유신 전 마지막 선거였던 71년 국회의원 선거에서 의원 한 명은 7만 6,520명을 대표했다. 전두환 정권하의 첫 선거였던 81년 총선에서도 의원 한 명은 평균 7만 6,429명을 대표했다. 그러나 민주화 이후 첫 선거인 88년 국회의원 선거에서 의원 한 명이 대표하는 유권자 수는 8만 7,619명으로 이전에 비해 늘어나기 시작했다. 2012년 국회의원 선거에서 의원 한 명이 대표하는 유권자 수는 무려 13만 3,938명이었다. 오늘날 의원 한 명이 대표하는 유권자의 규모는 제헌국회 때보다 세 배 이상 많고, 민주화 이전보다도 두 배나 많다. 세상은 더 다양해지고 이해관계도 더 복잡해졌지만 국회의원이 대표해야 할 유권자 수는 오히려 크게 늘어난 것이다."● 서울대학교 정치외교학과 강원택 교수의 정리다.

유권자의 수가 아니라 인구수를 기준으로 보면, 제헌국회 당시 의원 1명은 인구 10만 명을 대표했다. 지금은 16만 명이 넘는다. 제헌국회보다 지금은 대표성이 떨어진 셈이다. 사회는 더 다원화되고, 일방적 강제가 아니라 소통과 협의를 통해 조정해야 할 사안들은 점점 늘어났다. 행정부는 더 비대해졌다. 법으로 문제를 해결하는 사법화 현상도 더 커졌다. 그럼에도 이들을 감시하고 견제하는 의회는 크게 강화되지 않았다. 민주화에 의해 입법부가 대통령에 의해 좌지우지되는 구태는 사라졌다. 그 때문에 의회가 과거에 비해 권한이 세진 것처럼 보인다. 하지만 의회의 실질적 역할이나 기능은 더 떨어졌다. 권한은 특권화되고, 역할은 형해화形骸化되었기 때문이다.

●강원택, 「권역별 비례대표제로 열린 정치를」, 『중앙일보』, 2015년 3월 23일.

2011년 발표된 국회 입법조사처의 자료에 따르면, 2009년을 기준으로 국회의원 1인당 인구수는 16만 2,237명이다. OECD 회원국 30개국 가운데 미국, 일본, 멕시코에 이어 네 번째로 많은 수치다. 국제의원연맹IPU 기준으로 의원 1인당 인구수가 가장 많은 나라는 미국으로, 주 단위로 2명씩 할당되는 상원 100명을 제외하면 435명인 하원의원 1인당 인구수가 무려 70만 6,235명에 달한다. 한국의 4.4배쯤 된다. 일본은 상원을 제외한 하원 480석의 의원 1인당 인구수가 26만 4,747명이다. 하원 500석만 놓고 보면 멕시코의 의원 1인당 인구수는 22만 2,424명이다. 호주는 상원을 제외하고, 의원 1인당 인구수가 14만 1,751명이다. 한국 바로 다음이다. 양원제를 제외한 단원제 국가 중에서는 한국이 OECD 회원국 가운데 의원 1인당 인구수가 가장 많다.

한국 정치가 보통 사람의 삶과 유리된 채 극도의 정치 불신을 낳고 있는 원인을 꼽자면 참 많다. 국회의원직의 소수 특권화도 그 원인 중 하나다. 그렇다면 소수의 특권을 없애는 방향으로 개혁해야 한다. 그 방법이 바로 의원 정수를 늘리는 것이다. 어떤 기준으로도 우리 의회의 규모는 작다. 아렌트 레이파르트 Arend Lijphart가 경험적으로 확인한 대로, 의회의 규모가 작을수록 불비례성disproportionality이 증가한다. 의원 수를 늘려 국회의원의 정치 활동을 정상화해야 한다. 정치가 제 역할을 못하는 미국이나 일본의 예를 쫓아가는 것은 어리석은 선택이다. 좋은 사회는 좋은 정치에 의해 만들어진다. 의원 수가 늘어나 경쟁이 치열해지면 시장의 폐해에 적극 개입하는 정치, 행정부의 전횡과 권한 남용을 제어하는 정치가 늘어날 것이다. 그렇다면 국회의원 정수 문제는 비용만이 아니라 비용 대비 효과, 아니 그 효과 자체의 질을 따져서 판단하는 게 옳다.

오픈
프라이머리,
과연 옳은
해답인가?

오픈 프라이머리의 세 가지 단점

대부분의 현대 대의민주주의 국가에서 정당과 유권자 간 결속
은 약해지고 있다. 예외가 없는 보편적 현상은 아니지만 대체로
이런 경향만큼은 뚜렷하다. 원인은 교육 수준이 높아진 것과 먹
고살만 해진 삶의 조건이다. 그 때문에 이제 유권자들은 정당을
통한 문제 해결에 심드렁해질 수밖에 없고, 또 정당이 아닌 다른

매개를 통한 정치 활동을 모색하게 된다. 과거와 달리 요즘 유권자들은 정당에서 상당한 거리를 두려는 성향을 보인다. 그 결과가 정당의 약화다. 당원의 수가 줄어들고 그로 인해 정당이 재정적 부담을 겪게 되고, 조직은 약화되고 심지어 공직 후보자를 충원하는 데도 적지 않은 어려움을 겪는다.

유권자가 정당을 멀리하거나 좀 거리를 두고 바라보게 될수록 이른바 부동하는 유권자의 수는 늘어난다. 이는 선거 유동성electoral volatility의 증대와 다름없다. 선거 때마다 정당이 얻는 득표의 비중이 불안정하게 바뀐다는 이야기다. 이렇게 되면 정당 지도자들의 위상이 불안해질 수밖에 없다. 정당에 대한 일체감이나 선호 정서가 없는 유권자들은 언론의 보도나 정치적 스캔들 등의 요인에 영향을 많이 받고, 그에 따라 선거 결과가 달라지기 때문이다. 특히 정당의 약화가 언론의 힘이 강화되는 것으로 귀결되는 현상도 눈에 띈다.

정당이 안정적 득표 기반을 갖지 못하게 되면 어쩔 수 없이 표를 모을 다른 방법을 찾기 마련이다. 부동하는 유권자들swing voters을 설득하고 유혹하기 위한 가장 강력한 채널이 매스미디어이기 때문에 친親미디어적 활동에 주력하게 된다. 후보의 자질도 정치력statecraft이 아니라 연출력stagecraft의 관점에서 평가하게 된다. 또 선거에 임해 캠페인을 펼치는 게 아니라 그보다 훨씬 일찍, 심지어 상시 캠페인permanent campaign에 나서게 된다. 사안에 대한 차별화된 정당별 대안을 제시하기보다는 매력적인 요소나 흥미를 끌 만한 이벤트에 집중하고, 정당보다는 후보나 인물에 초점을 맞추게 된다. 이른바 '공직 후보 선출 과정의 민주화democratization of candidate selection'다. 후보 선출에 더 많은 사람이 참여하게 해서 당원이나 유권자들이 친밀감을 갖도록 하기 위해서다.

지금 한국 정치권에서 거론하고 있는 오픈 프라이머리의 도입도 같은 문제의식에서 출발한다. 오픈 프라이머리 제도가 한국 정치에 도입된 것은 2002년이다. 당시 새천년민주당은 대선 후보 선출 과정을 국민경선제로 치렀다. 다른 나라의 예도 그렇듯, 대개 선거에서 패배한 정당은 집권을 위해 일대 혁신을 추진한다. 새천년민주당의 형편도 비슷했다. 당의 총재를 맡고 있던 김대중 대통령의 인기가 바닥이었고, 아들 삼형제의 비리 때문에 '홍삼트리오'란 말이 생길 정도로 민심이 극도로 악화되었다. 덩달아 당의 지지율도 추락했다. 그대로 가면 2002년 대선 패배는 불을 보듯 뻔했다. 이런 위기 상황에서 도입된 것이 바로 대선 후보 선출 과정에 일반 국민이 참여하도록 하는 국민경선제다. 이 제도가 갖는 강점이 그대로 발현되어 2002년 국민경선을 통해 무명의 노무현 후보가 승리했고, 그는 대통령 선거에서도 이겼다.

정당은 유권자의 표로 살아간다. 정당의 당원이 늘어나지 않거나 심지어 줄어들고, 선거에서 득표력이 떨어질 때는 후보 선출 과정을 개방하는 유인책이 강해질 수밖에 없다. 최근에 정당들이 추진하는 개혁안을 보더라도, 선거에서 더 많이 패배해 당세가 위축된 새정치민주연합이 참여정치를 명분으로 당직과 공직 후보자를 선출하는 과정에 더 열심히 국민의 참여를 견인하고 확장했다. 후보 공천 시에 여론조사를 도입하거나 모바일 투표를 허용하는 것도 같은 맥락에서 이해할 수 있다. 새정치민주연합이 국회의원 후보 선출 방안으로 오픈 프라이머리를 도입하고자 하는 것도 마찬가지다.

미국이 채택하고 있는 오픈 프라이머리 제도의 단점으로 거론되는 게 몇 가지 있다. 첫째, 투표율이 떨어진다. 예비선거에 참여한 유권자들이 본 선거general election에 참가할 가능성이 낮아진다는 의미다. 선거가 주는 효용감이 아무리 크더라도 임박한 선거에서 두 번씩이나 투표장에 나가야 하는 것은 상당히 부담스럽다. 둘째, 정보의 제한성이다. 보통의 유권자들은 정치

이철희의 정치 썰전

정보에 익숙지 않다. 경쟁적 정당 체제에 의해 정보 제공의 측면이 없는 예비선거에서 유권자들은 당내 후보들에 대해 충분한 정보 없이 선택해야 한다. 결국 투표의 잣대가 공직자로서 잘할 수 있는지가 아니라 인물이나 매력 등의 감성적 요인이 되기 쉽다. 셋째, 정당의 약화다. 후보 선택의 결정권이 당에 있지 않고 유권자에게 있으면 결국 당의 역할은 축소될 수밖에 없다. 후보자들도 정당보다는 유권자에게 많은 관심을 기울일 것이고, 이 점 때문에라도 정당은 또 약화된다.

영상 미디어에 좌우되는 오픈 프라이머리

"현재의 오픈 프라이머리 제도에서 성공 요인은 후보가 가진 야심의 크기, 시간 투자 여력, 가족의 인내, 자금, 이곳저곳을 얼마든지 다닐 수 있는 직업적 여력 등이다. 그런데, 실제 결과가 보여주듯 이런 요인들은 좋은 대통령이 되는 자질과는 아무런 상관성이 없다. 어떤 자리에 적합한 인물을 선택하는 방법으로서 이것은 무모하기 짝이 없는 엉터리다." 미국 언론인 데이비드 브로더David S. Broder의 지적이다. "후보가 된 사람은 정치권 밖의 아웃사이더일 가능성이 농후하다. 그는 자신이 이끌어야 할 정부에서 어떠한 직무를 맡은 경험도 없다. 외교나 경제와 같은 복잡한 이슈를 잘 모르는 신출내기인데다 소속 정당의 리더라는 건 생각조차 없을 것이다." 미국의 정치를 오래 지켜본 제임스 선드퀴스트James L. Sundquist의 평가다. 오픈 프라이머리는 좋은 후보를 뽑을 가능성보다 직무에 맞지 않는 엉터리를 뽑을 가능성이 훨씬 많다는 뜻이다.

오픈 프라이머리에서는 후보가 독자적으로 캠프를 차린다. 개인 참모들을 구하고, 자금도 스스로 마련해야 한다. 조직도 직접 꾸려야 한다. 당과 상관없이 독자적으로 캠페인을 하고 다녀야 한다. 이럴 경우 이른바 동업자와 전문가 집단의 평가peer review는 아무런 의미가 없다. 정당의 엘리트들은 누군가를 후보로 내세우기 위해 정치권 안팎의 인물들에 대해 일상적인 관심을 가질 수밖에 없다. 또 정치권 인사들은 반복되는 공천 등 다양한 정치 경험을 통해 어떤 인물의 허상과 실상을 구분할 줄 안다. 그런데 이런 평가는 예비선거에서 별 다른 힘을 발휘하지 못한다. 유권자를 움직이는 요인wow factor은 리더십이라기보다 스타십이기 때문이다. 당의 판단과 무관하게 당락이 결정되며, 최종 후보가 되더라도 당에 빚진 게 없기 때문에 독자적으로 움직인다.

한 정당에는 다양한 층위의 선출직 공직자와 후보자가 있기 마련이다. 기초자치단체 의원과 단체장, 광역자치단체 의원과 단체장, 국회의원과 대통령 등이 그들이다. 미국은 선출직 공직자의 수가 약 50만 명으로 5,000명 안팎의 한국보다 그 수가 훨씬 많다. 그러나 많든 적든 같은 당의 선출직 공직자들과 연대하고, 정당 활동가, 당과 각급 선출직 공직자들을 지지하는 유권자들과 결속하려는 노력이 필수적이다. 예비선거에서 다수의 표를 모으는 과정이 선출직 공직자가 된 후에 기반을 다지는 것과 별개가 되는 것이 바로 오픈 프라이머리다. 그러니 좋은 인물을 선출하는 기제로나, 공직자로 선출된 다음 좋은 정치와 행정을 펼치는 토대를 마련하는 기제로서도 오픈 프라이머리는 대단히 취약하다. 이를 통해 뽑힌 후보도 당선 후에는 제도적 메커니즘을 통하기보다는 대중적 인기를 통해 개인의 지분과 목소리를 키우는 역할 모델을 지향하게 된다. 정치인의 유형과 활동 양태가 바뀐다는 이야기다.

전문가 집단의 평가가 없어 초래되는 단점을 미국 정치학자 넬슨 폴스비Nelson Polsby는 이렇게 정리한다. "인지도는 극대화하되 공적 기여는 최소화하려는 동기가 출마 예상자에게 압도적으로 작용하게 된다. 대통령 후보가 전문가 평가를 하찮게 여기고, 모든 노력을 예비선거에서 표를 모으는 데만 집중하게 되면 그것은 엘리트 사이의 책임성에 의존하는 국정 운영과는 배치된다." 국회의원 선거에 오픈 프라이머리를 도입하면 경험과 훈련을 통해 좋은 정치인으로 성장하려고 하기보다는, 어떻게 해서든 대중의 시야에 노출되어 지명도와 인기도를 높이는 데 후보자들이 집중할 수밖에 없다. 인지도가 높고 대중의 많은 사랑을 받는다고 해서 좋은 정치인이 되는 것은 아니다. 도리어 상충하는 경우가 적지 않다. 큰 틀에서 이렇게 정리할 수 있다. "당이 강하면 연대coalition building가 강화되고, 당이 약하면 분파 간 경쟁factional rivalry이 촉진된다." 넬슨 폴스비의 정리다. "대중적 지지를 추구하는 시스템은, 캠페인 기법을 잘 활용하고 그것에 모든 노력을 오랫동안 쏟아붓는 사람이 유리해지는 편견을 조장한다", "오픈 프라이머리의 도입은 의도했든 하지 않았든 연대 노선이 폐기되고 대규모 대중 캠페인으로 대체되는 결과를 가져왔다." 두 이야기 모두 미국 정치학자 존 올드리치John Aldrich의 지적이다.

오픈 프라이머리는 대개 지역별로, 순차적으로 진행된다. 그런데 순차적으로 진행된다고 해서 전체 경선 기간 내에 지역별 경선이 균등 배치되는 것이 아니다. 오픈 프라이머리에서는 선거 초반에 관심이 집중될 수밖에 없다. 지역별로 반복해서 경선이 펼쳐지기 때문에 누구라도 시종일관 관심을 갖기는 어렵다. 그 때문에 초반에 관심이 쏠리는 것은 불가피한 현상이다. 사정이 이렇다 보니 지역은 앞다퉈 초반에 경선을 치르고자 희망한다. 그래야 흥행이 되기 때문이다. 이를 전진 배치front loading라고 한다. 이런 요구 때문에 지역 경선이 초반에 많이 배치된다. 그 결과 무명의 후보라도 가장 먼저 열리는 아이오와와 뉴햄프셔 경선에서 승리하면 일약 전국적 스타로 부각된다.

미국의 지미 카터Jimmy Carter와 한국의 노무현이 좋은 예다. 초반에 승리한 인물, 그것도 다크호스의 등장에 언론이 열광하다 보니 그걸로 판세가 결정되는 경우가 적지 않다. 지미 카터는 아이오와 1만 1,000명, 뉴햄프셔 2만 3,000명 등 모두 3만 4,000명에 호소해 승리함으로써 일약 스타로 발돋움했다. 초반 이후에는 언론이 누가 이기고 지는지에만 관심을 기울인다. 이른바 경마식horse race 보도다. 여기에 더해 초반 경선에 성패의 무게 중심이 과도하게 쏠리게 되면 후보 검증이 제대로 되지 않는다. 성패 여부가 검증 과정을 짓눌러버리기 때문이다.

오픈 프라이머리는 사실 텔레비전의 등장과 더불어 대세가 되었다. 오픈 프라이머리의 전면 도입 이전에는 전당대회에서 당의 지도부가 모여서 협의와 거래를 통해 후보를 만들어냈다.

이런 협의와 거래는 비공개적으로 진행되기 때문에 정보가 실시간으로 제공되지도 않고, 텔레비전에 내보낼 좋은 영상을 잡기도 어렵다. 이런 전당대회 방식은 신문 매체에 적합할 뿐 영상 매체인 텔레비전에는 그리 매력적이지 않았다. 그런데 텔레비전이 대중과 소통하는 가장 영향력 있는 매체로 등장함에 따라 정치인들은 텔레비전의 파워에 주목했다. 반면, 텔레비전은 텔레비전대로 오픈 프라이머리에서 흥미 요소를 발견했다. 누가 이길 것인지에 대한 긴박감, 후보들의 친미디어 이벤트 등은 텔레비전이 좋아할 만한 요소였다. 오픈 프라이머리 시스템은 어느 정치학자의 표현처럼 대중매체에 의해 '납치되었다hijacked'고 해도 과언이 아니다. 텔레비전을 통해 후보자에 대한 정보를 접하는 일반 유권자들은 언론이 후보자를 어떻게 다루고 평가하는지에 크게 영향을 받을 수밖에 없다. 유권자는 자연스럽게 후보의 자질과 의견보다는 성격이나 외모, 말 등 후보자의 매력에 초점을 맞춰 판단하게 된다.

사회경제적 약자를 대변하지 못한다

오픈 프라이머리 제도를 연구한 미국의 학자들은 매스미디어가 대통령 후보 선출 과정에서 선거 초반에 이미 사실상 부전승을 유도하는 핵심 판정관chief evaluator 또는 경마 예상꾼handicapper으로서 중심 역할을 차지하고 있다고 분석한다. 언론이 후보를 평가하는 기준은 공직 이력, 도덕성 검증, 여론조사의 지지율 순위, 자금 모집 능력 등이다. 이런 기준에서 합격점을 받지 못하면 언론은 과감하게 그 후보를 무시한다. 오픈 프라이머리가 시작되기 전에는 이런 기준으로 주목할 '선수'를 고르고, 실제 경선이 치러질 때는 철저하게 누가 이기는지에 따라 승자에만 몰두한다. 가끔 눈에 띄는 이벤트에 관심을 두기도 하지만 그것은 호기심 차원일 뿐이다. 주요 이슈에 대한 후보의 입장이 뭔지, 자리에 걸맞은 능력을 갖췄는지 등에 대해서는 거의 눈길을 주지 않는다. 매스미디어는 인지도name recognition와 모멘텀momentum이란 두 잣대로 후보들을 효율적으로 제어한다. 비유하자면 매스미디어가 킹메이커 역할을 하는 셈이다.

후보들에 대한 평가를 어떤 기준으로 할 것인가, 앞서가는 후보군을 어떻게 걸러낼 것인가, 어떤 어젠다를 다룰 것인가 등의 문제는 정당이 해왔던 역할이다. 오픈 프라이머리에서는 매스미디어가 이를 담당한다. 그런데 기본 속성상 언론은 정치 과정의 좋은 판정관 역할을 하기 어렵다. 전설적 언론인 월터 리프먼Walter Lippman은, 매스미디어는 이벤트에 주목할 뿐 한 사회의 '기본이 되는 힘underlying forces'에는 관심이 없다는 점을 지적한다. 언론은 24시간 단위 또는 속보 시스템으로 운영되기 때문에 충분한 검토를 거친 뉴스를 내보내기 어렵다. 게다가 시청률과 흥미를 잣대로 뉴스의 가치를 매긴다. 이런 식으로는 매스미디어가 일관성 있게 정치적 결정을 조직화하는 역할을 해내기란 불가능하다. 이런 점들 때문에 미국 정치학자 볼디머 키Valdimer O. Key는 매스미디어가 정당의 역할을 대체하고 있지만 정당이 했던 역할에 훨씬 못 미친다는 평가를 내렸다. 민주주의에서 언론은 반드시 필요하지만, 그 역할이 과도하게 커지는 것은 심대한 부작용을 낳는다. 한 사회에서 언론의 기능과 역할은 잘 조정되어야 하고, 그런 관점에서 언론 환경도 관리되어야 한다.

한국은 보수와 진보의 기준으로 볼 때 보수 언론의 영향력이 훨씬 크다. 이른바 조중동으로 표현되는 거대 보수 신문사가 종합편성채널이라는 방송 채널까지 확보하고 있다. 심각한 독과점과 편향이다. 정당의 기능을 상당 부분 언론이 대체하고 있는 형국에 이런 독과점과 편향성까지 더해지는 것은 매우 위험하다. 불평등 민주주의를 낳고, 사회경제적 약자를 배제하는 정치가 이루어지도록 강제한다. 게다가 한국의 정당들은 지구당을 없애버려서, 유권자와 직접 소통할 수 있는 풀뿌리 조직을 갖고 있지 못하다. 따라서 정당은 유권자와 소통하기 위해 언론이라는 매개를 거쳐야만 한다. 언론의 힘이 강해질 수밖에 없는 구조다. 어젠다 세팅에서 한 정당이 과연 하나의 메이저 언론사보다 영향력이 있다고 할 수 있을지조차 의문이다. 미국에서 오픈 프라이머리에 대해 비판적인 의견을 가진 학자들도 강력한 역할을 하는 매스미디어를 중립화해야 한다고 말하는데, 하물며 한국은 어떠하랴.

후보 선출에 언론의 영향력이 더 커지고 정치 정보와 지식이 충분하지 않은 일반 유권자들이 대거 참여하게 되면, 후보와 정당 간의 차별성은 희석되는 게 당연한 결과다. 정당과 후보 간의 차별성이 정책이나 노선에서 분명하게 드러나는 것은 결국 누구의 이해와 요구를 대변할 것인가 하는 문제다. 또 유권자 1명이 가진 여러 정체성 중에서 어떤 것을 투표의 잣대로 삼을지에 대한 문제다. 노선보다는 인기, 내용보다는 박수에 더 신경을 쓰는 게 성패의 주요인이 되면, 설명이 필요하고 부담을 져야 하는 차별화보다는 정책과 노선에서 전략적 모호성을 견지하면서 스타십을 발휘하는 쪽으로 후보들의 전략이 수렴되기 마련이다. 이렇게 되면 정당이나 후보 간 차별성은 떨어지고, 그에 따라 투표 효능감도 현저하게 약화된다. 차별성의 약화는 곧 사회경제적 약자들의 이해와 요구가 제대로 의제화되지 못하고 정책화되지 못하는 것과 다름없다. 그렇게 되면 일종의 상층 편향성을 띤 정치가 되기 쉽다. 이런 정치는 사회경제적 약자들의 투표 참여를 억제하는 효과를 낳는다.

오픈 프라이머리에 투표할 정도의 유권자라면 시간적 여유가 있는 사람이다. 빠듯하게 살아가는 보통 사람들은 휴일도 아닌데 예비선거에 굳이 나가서 후보 선택권을 행사할 여유가 거의 없다. 약간의 손해를 감수하고 나갈 생각이 있더라도 누가 누군지 잘 모르는 탓에 나갈 엄두가 나지 않는다. 따라서 오픈 프라이머리에 참여하는 유권자는 두 유형이다. 첫째는 시간적 여유가 있는 사람과 동원되는 사람이다. 시간적 여유가 있는 사람들은 대개 중산층 이상이다. 동원되는 사람들은 자신의 생각대로 투표하지 못한다. 둘째는 정치에 적극적인 시민이다. 이들은 정치적 주장이 강하고, 그 주장을 관철하기 위해 정치에 적극적으로 참여하는 유권자다. 그런데 이들은 대체로 비非사회경제적 어젠다를 갖고 있다. 결국 오픈 프라이머리는 사회경제적 약자의 이해와 요구, 선호와 열망을 대변하지 못한다. 계층적으로 중·상층 편향성을 추동한다.

오픈 프라이머리의 득과 실

흔히 야당 개혁이나 진보의 재구성을 말하지만 핵심은 정치의 재구성이다. 정치의 재구조화가 절실하다. 오픈 프라이머리의 도입도 이런 관점에서 이해해야 한다. 어떤 제도, 특히 공직 후보 선출의 방식은 어떤 것이든 장점과 단점을 갖고 있다. 그 때문에 어떤 장점과 단점을 갖고 있는지 따져보는 게 중요하다. 오픈 프라이머리 제도는 '개방성'을 지향한다. 그것이 갖는 장점이 있다. 한국처럼 정당이 유권자와 상당히 괴리된 상황에서 개방은 불가피한 선택일지 모른다. 또 민주주의가 온전하게 작동하기 위해서는 참여가 대단히 중요하다. 참여를 늘리는 쪽으로 제도를 설계하는 것도 바람직하다.

그런데 문제는 방법이다. 참여를 늘린다고 해서 반드시 정당을 약화시키는 제도를 선택할 필요는 없다. 대의민주주의에서 정당이 차지하는 비중과 역할을 생각해보면 정당 없는 민주주의를 상상할 수 없다. 이제는 시대가 달라졌기 때문에 정당 약화를 받아들여야 한다는 주장도 있다. 그러나 그런 주장이 설득력을 얻으려면 정당 없는 민주주의의 결과가 나쁘지 않다는 것을 증명해야 한다. 현실에서는 정당의 약화를 선택한 나라일수록 민주주의와 정치의 질이 나빠지고 있기 때문이다. 그것은 곧 사회경제적 약자의 삶이 더 고단하고 힘들어지고 있다는 의미다. 따라서 정당의 약화보다는 정상화를 선택하는 것이 옳지 않을까? 정당이 약화된 자리를 언론이 대체하고 있다면 더더욱 그렇다.

숱하게 많은 정치인이 선거 때마다 교체되었고, 정말 멋진 이력을 가진 인물들이 정치권에 들어갔다. 그럼에도 정치의 질은 좋아지지 않았다. 바꾸는 게 능사가 아니라는 이야기도 이런 점에서 일리가 있다. 사람의 문제가 아니고 구조의 문제라면 구조를 바꾸는 게 답이다. 그런데 그 구조가 유권자의 이해와 요구에 정치인이 반응하고, 책임지고, 대표할 수 있도록 바뀌어야 한다. 기득권을 유지하는 데 유리한 제도는 개악改惡이 될 뿐이다. 오픈 프라이머리는 현역 프리미엄이 제도적으로 보장되는 제도다. 정치인의 가장 큰 이해인 재선 여부가 경쟁의 소용돌이 속에서 불투명하게 되어야 정치인들이 열심히 일할 것이고, 그래야 그들이 유능해진다. 오픈 프라이머리는 최소한 이런 취지에는 부합하지 않는 제도다.

또 하나는 이 제도의 단점을 어떻게 해소할 것인가 하는 점이다. 오픈 프라이머리, 즉 개방 극대화를 선택하면 경험과 정당

유대party ties는 최소화할 수밖에 없다. 개방한다고 해서 유권자들, 특히 사회경제적 약자들이 밀물처럼 밀려들지 않는다. 미국의 예에서 보듯 으레 참여하는 사람들만 한다. 그들은 인구통계학적 또는 사회경제적 대표성은 별로 없는 것으로 분석되고 있다. 정치인들에 의해 동원되는 게 대세다. 잘 모르는 유권자들이 참여해서 좋은 후보를 골라내기란 그리 쉽지 않다. 경험을 갖춘 인물들의 판단이 존중되고, 정당 내의 연대나 유대가 확장되는 게 좋은 후보 선출과 좋은 정치의 구현에 꼭 필요한 일이다.

정당 현직자들의 기득권 수호 의지와 정치에 개입하는 힘을 유지하고 더 늘리려는 언론의 확장 의지가 결합되어, 오픈 프라이머리의 도입은 순풍을 타고 있다. 하지만 그 추진자들의 의도, 정치와 민주주의에 끼칠 영향, 보통 사람의 삶에 미칠 효과 등을 두루 검토해서 도입 여부를 결정해야 할 것이다. 또 도입이 불가피하다면 어떻게 디자인할 것인지도 꼼꼼하게 논의해서 풀어나가야 한다. 오픈 프라이머리는 무조건 좋은 제도라는 생각은 의도된 왜곡이거나 선의의 무지일 뿐이다. 2004년의 정치 개혁 실패를 되풀이한다면 진보에 미래는 없다.

패배가
보이는 개헌,
속 보이는
개헌정치

타이밍이 모든 것이다

2014년 말, 바야흐로 개헌 논의가 한창이다. 사실 개헌 수요는 넘친다. 시대 흐름에 맞지 않는 헌법 조항이 많기 때문이다. 게다가 정치적으로도 이른바 '87년 체제'가 그 한계를 표출한 지도 제법 되었다. 흔히 표현하듯 민주시대에서 복지시대로 시대 규정이 바뀌었다면 그에 걸맞은 헌법을 갖는 것은 지극히 온당하다. 이렇게 보면 개헌을 주장하는 게 옳고, 그것을 인위적으로 막는 게 잘못으로 보인다. 과연 그럴까?

헌법을 포함해 통칭 법은 사회 집단과 세력 간 힘의 균형이라는 조건 위에서 제정되고 개정된다. 사회적 역관계力關係의 반영이라는 이야기다. 1987년 헌법이 갖는 긍정성은 당시 민주화 세력이 6월 항쟁의 결과로 얻은 힘의 우위에서 비롯된다. 쿠데타로 집권한 세력이 일방적으로 강제하던 헌법에 비해서도 그렇고, 산업화 세력이 민주화 세력을 압도하던 시절의 개헌에 비하면 '민주적 요소'가 많이 들어갔다. 따라서 개헌 수요와 별개로 정치 세력으로서는 자신의 힘이 강할 때 개헌을 추진하는 것이 유리한 선택이다.

중앙집권제 아래에서 국가권력의 배분과 국정 운영에 영향을 끼치는 선거는 대통령 선거와 국회의원 선거다. 대선과 총선을 기준으로 보면 지금의 야권은 2007년부터 연거푸 네 번의 선거에서 패배했다. 게다가 보수는 새누리당이라는 단일 정당으로 뭉치고 있는 반면 진보는 나뉘어져 있다. 게다가 야권의 일각은 '종북' 논란 때문에 사실상 유명무실한 상태다. 정당 역량party capacity으로 비교하더라도 새정치민주연합은 새누리당에 비해 현저하게 열세다. 정당 지지율에서 새누리당은 새정치민주연합의 두 배다. 그뿐인가. 지방 토호들을 중핵으로 하는 보수 기반은 튼실한 반면, 노조 조직률이 2013년 기준으로 10.3퍼센트에 불과할 정도로 노동의 조직화는 절대 부족이다. 이런 데이터를 고려하면, 누가 봐도 보수 대 진보의 역관계는 보수가 도저한 우위에 있다고 평가할 수밖에 없다.

열세 요인은 더 있다. 지난 19대 총선과 18대 대선을 거치면서, 진보가 이슈 소유권을 갖는 복지나 경제민주화 어젠다는 국가 의제에서 사실상 사라진 것이나 다름없다. 쉽게 말해 소득과 자산의 양극화는 심해지고, 먹고사는 문제에 대한 새로운 해법을 갈구하지만 진보 세력이 사회경제적 프레임을 가동하지 못하고 있다는 이야기다. 보수 세력이야 사회경제적 프레임의 등장을 어떻게 해서든 막으려 하는 게 마땅하고, 실제로도 그렇게 하고 있다. 그런데 진보를 표방하는 세력이 사회경제적 프레임을 가동할 의지조차 보이지 않는 것은 의아스럽다. 무릇 진보의 힘은 사회경제적 프레임에서 나온다. 따라서 지금 진보의 어젠다 세팅은 상당히 자해적이라 하겠다.

경제민주화 담론은 사라지고 경제 활성화 담론이 횡행하고 있다. 먹고살기 힘든 현실에서 경제 활성화나 경제 살리기는 강력한 소구력訴求力을 갖는다. 이 담론의 이데올로기적 효과는 두 가지다. 하나는 의회나 정당보다는 행정부에 기대는 심리를 낳는다. 실제 정책 수단을 갖고 있는 게 행정부이기 때문이고, 경험적으로도 행정부 주도의 경제성장이 쉽게 받아들여지기 때문이다. 또 하나는 기업 권력의 강화다. 시장에 미치는 힘에서 이미 대기업이 정부를 능가하고 있기 때문에 경제 위기론이 득세할 때마다 기업, 특히 대기업의 위상과 목소리는 커지기 마련이다. 기업하기 좋은 나라 만들기로 이어질 수밖에 없다. 이는 곧 노동이 위축되는 사회를 뜻한다.

조직화나 동원 역량, 어젠다 세팅, 담론 경쟁에서 진보가 턱없이 밀리고 있다. 이런 상황에서 개헌 논의가 불거지면 헌법 제119조 제2항에 명시된 경제민주화 관련 조항(국가는 균형 있는 국민경제의 성장 및 안정과 적정한 소득의 분배를 유지하고, 시장의 지배와 경제력의 남용을 방지하며, 경제주체 간의 조화를 통한 경제의 민주화를 위하여 경제에 관한 규제와 조정을 할 수 있다)이나 지켜낼 수 있을지 의문이다. 개헌 수요가 충분하다고 할지라도 지금 개헌 절차를 진행하면 진보에 불리하다. 리처드 닉슨의 말대로 타이밍이 모든 것이다. 야권 또는 진보가 개헌을 지금 추진하는 것은 한심한 전략이다.

개헌 연대를 통한 효과는 제한적이다

새정치민주연합은 왜 개헌을 주장할까? 간단하다. 기득권 지키기라고 할 수도 있고, 국회의원 이기주의라고도 할 수 있다. 개헌의 핵심은 역시 권력 구조다. 지금 언급되고 있는 권력 구조는 이원집정부제 또는 내각제다. 학자들에 의하면 한국의 대통령은 다른 나라의 대통령들에 비해 공식적인 힘이 아주 센 편은 아니다. 법안 제출권이 보장되어 있기는 하나 일부 대통령제에서 허용되는 포고령decree, 즉 의회의 승인을 받지 않고 법안을 발동할 권한은 없다. 물론 보도에 따르면 상위의 법에 어긋나거나 포괄 위임된 시행령을 통해 의회의 입법권을 우회적으로 제약하기도 한다. 그럼에도 큰 틀에서는 의회의 입법 통제에서 자유로울 수 없다. 한국에서 대통령의 힘은 그가 다수 여당을 지배하는 데서 나온다. 이는 제도적 권한이 아니다. 관행적 또는 현실적 권한이다. 따라서 대통령의 권력을 줄이겠다고 한다면 그 핵심은 법 외 권력을 대상으로 해야 한다. 헌법 개정을 통해 권력 구조를 바꾼다고 될 일이 아니다.

사실 대통령제는 행정부와 입법부 간의 경쟁과 견제를 제도적으로 보장하는 시스템이다. 행정부와 입법부의 대립 끝에 일시적으로 행정부가 문을 닫은 미국의 셧다운shutdown이 좋은 예다. 행정부와 입법부 간의 대립에 의한 기능 정지를 교착상태gridlock라 부른다. 대통령제에 비해 내각제가 더 권력을 나눈다고 착각하는데, 현실은 꼭 그렇지 않다. 영국의 내각제에서 총리가 누리는 권한은 대통령제 아래에 있는 대통령의 그것을 훨씬 능가한다. 다수당의 대표이자 행정부의 수반이 곧 총리이기 때문에 그 힘이 거의 절대적이다. 게다가 영국 노팅엄대학의 수 프라이스Sue Pryce 교수의 지적처럼 미디어 정치 시대에 총리는 선거에서나 국정 운영에서 대통령화presidentialization되었다. 마거릿 대처Margaret Thatcher가 그랬다. 결국 내각제가 분권의 차원에서 거론된다고 보기는 어렵다.

내각제parliamentalism든 이원집정부제semi-presidentialism든 공통점은 국회의원의 힘이 세진다는 사실이다. 대통령제 아래에서는 입법부의 견제 기능이 강하지만 국회의원 개개인은 행정 권력에 개입할 수 있는 정도가 많지 않다. 내각의 장관으로 들어갈 가능성도 거의 없다. 반면 내각제나 이원집정부제에서는 국회의원이 내각으로 들어간다. 행정 권력의 실질적 담지자擔持者가 될 수 있다는 이야기다. 또 영국처럼 당의 기율이 강해 당론에 저항할 수 없다면 모를까 국회의원이 상당한 자율성을 누리는 상황에서는 내각제나 이원집정부제에서 국회의원 개개인의 힘은 더 커질 수밖에 없다. 대통령제 아래에서 집권 여당이 되어 봐야 국회의원으로서는 별 실익이 없다는 의미다. 이게 새정치 민주연합 소속 의원들이 개헌에 솔깃해하는 이유다.

또 하나 무시하지 못할 측면이 있다. 집권 전망의 불투명이 다. 모두 그런 것은 아니지만 새정치민주연합에서 개헌론을 주도하는 사람들은 대개 대중적 지지가 낮아 대통령 후보로 나서기 어렵거나, 호남 출신이 대부분이다. 현재의 지역 구도에서는 호남 출신의 정치인이 대통령이 되기란 대단히 어렵다. 아무리 호남에서 몰표를 받더라도 인구수에서 워낙 열세이기 때문이다. 그 때문에 대통령제에 매력을 느끼기 어렵다. 또 대중적 지지가 낮은 사람도 대통령제는 버겁다. 대통령에 나설 수 있는 사람은 당내 기반보다는 대중적 기반, 즉 인기가 있어야 한다. 그런 점에서 대중 정치보다는 당내 정치에 능한 사람은 내각제를 선호할 수밖에 없다. 호남 출신의 정치인들이 주도하는 가운데안 그래도 개헌 수요가 충분한 터에, 국회의원직의 권력이 커지는 점에 혹해 새정치민주연합 국회의원들이 개헌에 적극적으로 나서는 것이다.

정치적 단기 효과의 측면도 있다. 새정치민주연합이 개헌을 고리로 새누리당의 소수파인 친이親李 그룹과 연대하게 되면 사실상 과반 의석을 허물 수 있다. 친이 그룹이라고 해서 명시적으로 이명박 전 대통령을 따르거나 그를 구심점으로 삼지는 않는다. 그럼에도 친박과 다른, 과거 이명박 대통령과 가까웠다는 공통점을 갖고 있기에 최소한의 동질감은 유지되고 있다. 이 그룹이 어떤 계파 정체성을 갖는지는 불분명하나 현재로서는 개헌 이슈를 매개로 결속하고 있는 것은 분명해 보인다. 이 그룹의 좌장인 이재오 의원이 수시로 박근혜 대통령이나 친박에게 대립각을 세우는 걸 보면 이 계파가 독자 행보에 나설 가능성도 없지는 않다. 이런 점에서 새정치민주연합이 이들과 물밑 연대를 통해 박근혜 대통령과 친박을 견제하려는 시도는 나름 설득력이 있다.

그런데 그 효과가 얼마나 있을지는 의문이다. 개헌 논의라는 블랙홀을 통해 박근혜 대통령이 세팅해놓은 구도와 흐름을 흩뜨려놓겠다는 새정치민주연합의 의도가 실현되려면 논의만으로는 어렵고 실제로 개헌안이 발의되어야 한다. 개헌에 대해 언급한 김무성 대표에게 청와대가 보낸 공개 경고나 대선 후보로서 반기문 영입론은 모두 개헌이 중심 정치 의제로 부각되거나 실질적으로 추진되기 어려운 사정을 말해준다. 새누리당의 친이조차도 박근혜 대통령과 친박의 견제를 뚫고 실제 개헌안을 발의하기는 쉽지 않다. 문제는 또 있다. 권력 구조에 대해 대강의 일치는 보고 있다고는 하지만 실제로 개헌안을 제기할 때 동의 여부는 별개다. 이에 대한 합의도 하나의 걸림돌이다.

결국 새정치민주연합의 개헌 연대를 통한 박근혜 대통령 견제는 그 효과가 상당히 제한적일 수밖에 없다. 지난 2014년 국정감사 이후 새정치민주연합은 이른바 '사자방' 국정조사를 추진하고 있다. 사자방은 4대강, 자원 개발, 방산 비리를 뜻한다. 이명박 정부 시절의 핵심 국정 과제였던 이 문제를 파헤치겠다면 친이와의 대립이 불가피하다. 친이를 파트너로 삼는 개헌과 친이를 타깃으로 삼는 사자방 국정조사는 양립하기 어렵다. 이런 점도 고려해야 한다.

국민의 불신 속에서 개헌이 가능한가?

지금의 정치 지형은 개헌에 유리하다. 현직 대통령의 반대가 최대 걸림돌이긴 하지만 나머지 조건은 아주 양호하다. 여야에 강력한 대권 주자가 있다면 개헌은 쉽지 않다. 전체 대선 주자 여론조사에서 압도적 우위를 누리는 인물이 있다면, 또는 여든 야든 당내에서 누구도 넘볼 수 없는 위상의 후보가 있다면 개헌이 어렵다. 그들이 눈앞에 있는 대권을 의식해 개헌에 반대할 것이기 때문이다. 현재 그런 주자는 없다. 2014년 12월 현재 지지율 조사에서 1위인 반기문 유엔 사무총장은 아예 나라 밖에 있고, 야권의 1위인 박원순 서울시장은 사실상 당 밖에 있다. 이들의 위상이 압도적이지도 않고, 개헌 논의에 개입할 영향력도 높지 않아 개헌을 저지할 이른바 거부권veto power이 없다.

대통령 선거를 통해 권력을 독점할 밑천이 없으면 당연히 권력의 '분점'을 추진하게 된다. 지금 새누리당과 새정치민주연합을 이끌고 있는 지도부의 구성원들이 대개 개헌 찬성론자들인 이유다. 김무성 의원은 대표를 맡은 후 지지율이 오르기는 했지만 후보 시절의 이명박·박근혜에 비해 많이 약하다. 이런 정도의 대중적 인기로는 대통령제를 고수하기 어렵다. 게다가 정치 스타일이 대중 정치보다는 조직 정치에 익숙하다 보니 국민 전체를 상대로 하는 대선 게임에 취약할 수밖에 없다. 새정치민주연합의 문희상, 정세균, 박지원 등 이른바 중진들도 대선 후보로는 인기가 너무 없다. 본선 경쟁력은 고사하고 당내 경선에서도 승리하기 어렵다. 정치 스타일로 보면 대통령감이 아니라 총리감이다. 내각제나 이원집정부제에 호의를 느끼는 것은 당연하다.

제도 효과의 관점에서 보면, 내각제는 대통령제보다 훨씬 당내 계파의 형성과 그들 간의 경쟁을 촉진한다. 대통령제 아래서는 통상 2~3명의 강한 리더가 부각되지만 내각제는 다르다. 일반 국민이 아니라 의원들 사이에서 다수를 얻는 쪽이 총리를 하기 때문에 보이지 않는 거래와 나누어 먹기가 조장되기 쉽다. 이렇게 비유해보도록 하자. 내각제라면 노무현이란 정치인은 절대로 총리가 되지 못했을 것이다. 반면 정세균·박지원 의원은 대통령이 되기 어렵다. 일본의 경우가 실례다. 자민당이나 민주당 공히 계파 수장들이 돌아가면서 총리를 했다. 작든 크든 계파의 수장들이나 그 구성원들에게는 내각제나 이원집정부제가 더 낫다. 요컨대 강력한 리더의 부재는 계파 형성을 부채질하고, 그 계파의 존재는 내각제를 지향한다. 지금 새정치민주연합이 개헌에 더 강한 집착을 보이는 것도 따지고 보면 새정치민주연합이 그만큼 계파로 나뉘어져 있고, 강력한 리더십이 부재하기 때문이다.

현재 개헌 논의의 진행을 저지하는 것은 박근혜 대통령의 반대다. 박근혜 대통령으로서는 임기 2년도 채 안 지난 상황에서 개헌론이 불거지는 게 탐탁지 않다. 실익이 별로 없다. 뭔가

성과를 낸 다음, 즉 임기 후반에 가서 추진하는 것이 좋다. 그래 야 자신의 임기와 권력은 최대한 누리는 한편, 임기 말에는 개헌 으로 국면을 주도할 수 있다. 박근혜 대통령의 반대는 '지금은 아니'라는 신호다. 임기 후반이 되면 개헌에 적극 찬성하고 나설 수도 있다. 정권 재창출이든 교체든, 정도의 차이만 있을 뿐 다 음 정부에서 박근혜 대통령이 '과거 청산'의 대상이 될 가능성 은 꽤 있다. 또 내각제나 이원집정부제로 바뀌면 친박이란 정치 적 계파가 유지될 가능성이 더 커지고, 전직 대통령의 운신 폭도 더 넓어진다. 지금처럼 보수의 아이콘으로 콘크리트 지지율을 유지한다면, 한가로운 전직이 아니라 내각제 아래에서 살아 있 는 실체로 활발하게 움직일 수도 있다. 박근혜 대통령으로서는 나쁠 게 없다. 개헌으로 보수 우위의 정치 지형이 공고화되고, 장기 집권으로 이어진다면 소위 국모founding mother의 위상을 가 질 수도 있다.

2012년 대선에서 친이의 가장 결정적인 약점은 경쟁력 있 는 대권 주자가 없다는 점이었다. 그 약점이 친박에 그대로 이어 지고 있다. 친박 진영에 유력한 대권 주자는 눈을 씻고 찾아봐도 없다. 반기문 유엔 사무총장을 호명하는 것으로 불모성不毛性을 가리려 하지만, 시간이 갈수록 불임 세력의 비애는 더 짙어질 것이다. 대통령제 아래에서 유력한 대권 주자를 갖지 못한 세력이나 정당은 쇠락하게 되어 있다. 피할 수 없는 숙명이다. 박근혜 대통령은 현직에 있는 까닭에 개헌론이 불거지는 걸 막을 수밖에 없지만, 친박이라는 정치 세력은 이해관계가 다르다. 이제 박근혜 이후를 고민해야 한다. 마땅한 대표 선수가 없는 건 후사後嗣가 없는 왕의 심정 그대로다. 2014년 서울시장 선거에서처럼 양자를 영입하는 시도를 해볼 수도 있겠으나 경험적으로 여의치 않다는 걸 안다. 결국 제도 개편으로 가는 게 거의 유일한 출구다. 아직 대선이 3년 이상 남아 있기 때문에 이런 고민을 내색하지 않을 뿐이다. 하지만 선택의 순간은 불가피하게 닥치기 마련이다.

개헌에 걸림돌이 하나 있다면 국민들의 의회 불신이다. 대통령이나 행정부에 비해 입법부의 신뢰는 더 낮다. 대통령이나 행정부는 실질적인 정책 수단과 집행권을 갖고 있기 때문에 호민관tribunus plebis의 이미지를 갖는다. 반면 의회는 소리만 요란할 뿐 국민이 피부로 느낄 만한 정책 수단이 없다. 의회가 유일하게 국민과 소통하는 채널은 의원들의 풀뿌리 정당 조직을 통한 활동인데, 그것도 지구당의 해체와 더불어 사라졌다. 게다가 미디어를 통해 전해지는 의회의 모습은 극심한 당쟁의 모습뿐이다. 국회 해산이라는 말을 많은 사람이 입에 올릴 정도로 거의 대부분의 국민들은 의회를 신뢰하지 않는다. 의회의 활동을 제약하고, 실제보다 못하게 보이도록 유도하는 행정부·언론·기업의 노력도 작용하지만, 의회가 삶과 동떨어진 문제에서 사생결단하는 것도 중요한 원인이다. 어쨌든 극심한 불신에 시달리는 의회가 권력의 산실이 되도록 하는 방향의 개헌을 국민에게 설득하기란 상당히 어려운 일이다.

선거제도 개혁이 절실하다

전쟁의 분위기가 무르익어도 막상 전쟁이 나고 안 나고는 리더의 선택이듯, 개헌도 마찬가지다. 개헌 수요도 많고 여건도 나쁘지 않지만, 결국 리더들이 어떤 선택을 하느냐에 달려 있다. 그런데 개헌 이슈에는 함의가 들어 있다. 대통령제에 비해 누구에게 더 집권 가능성이 많아지느냐 하는 문제다. 진보와 보수 중 어느 쪽에 유리한지 따져보는 차원이다. 누구에게 득이 될까?

지금까지의 대통령 선거와 총선 성패를 보면 어느 정도 가늠할 수 있다. 지금의 야권은 대통령 선거에서 두 번 이겼다. 권력 구조를 내각제로 바꾼 제2공화국을 포함하면 세 번 이겼다.

반면 국회의원 선거에서는 한 번 이겼다. 제2공화국을 대선이 아니라 총선으로 치면 두 번 이긴 것이 된다. 독재시대와 민주시대를 막론하고 지금까지 총선이 19번, 대선이 18번 있었으니 대선에서 승률이 총선보다 높다는 이야기다. 지난 2012년의 총선과 대선을 비교해볼 수도 있다. 총선에서 의석수를 기준으로 새정치민주연합은 새누리당에 127 대 152로 크게 졌다. 반면에 대선에서는 48퍼센트 대 51.6퍼센트로 근소하게 패배했다. 총선의 득표율을 기준으로 하면 47.9퍼센트 대 46퍼센트로 진보 진영이 근소하게 앞선다. 그럼에도 의석 점유율에서는 8.3퍼센트나 뒤졌다. 결국 하나의 선거구로 선거를 치르는 대선보다 246개 지역구로 쪼개서 치르는 총선에서 진보가 매우 불리하다는 결론이 나온다.

거대 양당에 유리한 선거제도는 소선거구·단순다수제이나, 새누리당이 대선에 비해 총선에서 더 유리한 것이 이 선거제도의 직접적 효과는 아니다. 미국 정치학자 사르토리G. Sartori가 지적했듯 지역구제는 비례대표제에 비해 복지 등의 전국적 이슈가 작동하기 어렵다. 대체로 지역구 개발이나 인물 대결이 된다. 지역구 개발이나 인물 대결에서는 보수가 진보에 비해 유리하다. 개발 이슈가 전통적으로 보수 어젠다이기도 하지만 토건 중심의 개발 담론은 유권자의 사회경제적 정체성 발현과 계층 투표를 가로막는다. 토건을 매개로 한 토호 세력의 동원에 용이하다. 지역개발 경쟁으로 가면 정당이나 후보 간 차별성을 드러내기 어려워 먹고살기 힘든 보통 사람들의 투표 동기를 떨어뜨린다. 소선거구제는 가치나 사회경제적 정체성보다는 지역 요인 등을 과잉 대표하기 때문에 진보에 불리하다. 1960년에 치러진 5대 총선, 2004년의 17대 총선에서 지금의 야권이 이긴 것도 선거 외적 변수 때문이었다. 5대 총선은 4·19 혁명 때문에, 17대 총선은 소위 대통령 탄핵 역풍 때문에 이겼다.

　최소한 현재의 시점에서 보면 진보가 보수를 이길 가능성은 총선보다 대선이 높다. 따라서 이런 역관계 또는 지형의 변화가 없는 상태에서 내각제나 그 변종으로 가게 되면 진보의 열세는 구조화될 수 있다. 즉, 국회 의석수를 통해 집권 여부가 결정된다면 진보의 집권 확률은 현저하게 떨어진다. 보수는 단일 정당으로 단합하고 있는 반면 진보는 여러 정당으로 분열해 있는 '보합진분保合進分' 구도에서는 승리의 확률이 더욱 떨어진다. 자칫 진보가 만년 야당으로 전락할 수 있다. 이는 일본의 55년 체제가 이 땅에서 구현되는 것에 비유할 수 있다. 이런 점에서 개헌이 진보의 상시적 패배로 연결되지 않으려면 반드시 선거제도를 비례대표제로 바꿔야 한다. 전국을 단일 선거구로 하는 비례대표제를 통해 전체 국회의원을 뽑거나, 지역구와 비례대표의 비율을 1 대 1 정도로 해야 한다. 그래야 지역구에서 열세를 만회할 수 있다. 선거 프레임도 진보 어젠다를 중심으로 가동할 수 있다. 진보에는 권력 구조보다 선거제도가 중요하다. 선거제도 개혁 없는 개헌은 진보에 위험한 자충수다.

2014년 10월 30일 헌법재판소는 3 대 1로 되어 있는 현행 선거구별 인구 편차가 위헌이라며, 이 편차를 2 대 1로 줄여야 한다고 결정했다. 개헌론에서 벗어날 수 있는 계기를 헌법재판소가 던져준 셈이다. 그런데도 야권 또는 진보 진영은 선거제도를 이슈화하는 데 소극적이다. 지금의 선거제도에서 제2당으로서 누리는 이점을 놓기 싫기 때문이다. 제2당에 만족하는 순간 집권의 가능성은 멀어진다. 소선거구·단순다수제를 통해 야권의 군소 정당을 제압하는 데는 유리하나 대對보수 열세는 극복하기 어렵다. 제2당의 지위나 국회의원직을 지키는 데 도움이 되는 제도가 아니라, 집권이 용이한 그럼으로써 진보의 가치를 실현할 수 있는 시스템으로 바꿔야 한다. 새정치민주연합이 이것을 과연 해낼 수 있을까?

2016년
총선은
이미
시작되었다

낮아도 너무 낮은 대통령 지지율

박근혜 대통령의 지지율이 바닥이다. 얼마 전까지만 해도 상상조차 하기 어려울 정도로 떨어졌다. 아마 내각제 국가였다면 총리가 교체되었을 것이다. 근래의 대통령들에 비해서도 현저하게 낮다. 한국갤럽의 조사(2015년 1월 27일~29일에 전국 성인 1,009명을 대상으로 실시된 휴대전화 RDD 조사, 표본 오차는 95퍼센트, 신뢰 수준은 ±3.1퍼센트포인트, 응답률은 18퍼센트)에서 박근혜 대통령의 지지율은 29퍼센트로 나타났다. 콘크리트 지지율이란 그간의 평가가 무색할 정도이고, 영남과 보수층의 지지가 두터움을 감안하면 그야말로 최악의 곤두박질이다.

대통령의 지지율은 대통령제하에서 정치의 핵심 변수다. 한국 정치도 마찬가지다. 대통령의 지지율이 높으면 여권의 결속은 굳건하게 유지된다. 비록 여당이 자율성을 발휘하긴 어렵지만 대통령이 강한 후광 효과coattail effect를 발휘하기 때문에 득이 실보다 많다. 야당은 반사이익을 누리지 못해 부진을 면하기 어렵다. 크고 작은 선거 때 심판론을 제기하지 못해 어려운 백병전을 펼쳐야 한다. 언론도 마찬가지고, 심지어 경제계도 대통령의 눈치를 볼 수밖에 없다. 반대로 대통령의 지지율이 낮을 때엔 원심력이 강하게 작용한다. 여권은 내홍內訌, 즉 내부 갈등이 격심해지고 당정 간에도 불협화음이 늘어난다. 언론의 비판도 거세지고, 재계의 응대도 싸늘해진다. 야권은 거세게 몰아붙이고, 선거에서는 현직 대통령에 대한 찬반 구도의 심판론이 득세한다.

대개 대통령은 취임 초기에 높은 지지율을 누린다. 자연스런 현상이다. 선거에서 승리했으니 지지층이 강하게 결집하고, 반대층은 이완되기 때문이다. 심지어 선거에서 패배한 후보를 지지한 유권자들 중에서도 상당수는 새로운 대통령에게서 희망을 발견하려 노력하기 마련이다. 또 공약 효과도 있다. 대선 공약은 사회의 다양한 계층과 지역, 그룹 또는 단체, 나아가 개인들에게 지금보다 나은 미래를 약속한다. 기대를 갖는 게 당연하고, 그 기대 때문에 대통령에게 우호적인 시선을 보낸다. 야당이 지리멸렬해지는 것도 덤이다. 선거에서 패배했으니 그 책임을 놓고 갑론을박이나 세력 재편이 뒤따른다. 대통령이 취임 초기 누리는 허니문이라는 것도 이런 이유 때문에 생기는 것이다.

하지만 재임 기간이 늘어날수록 대통령의 지지율은 떨어지기 마련이다. 김영삼 대통령부터 이명박 대통령까지 지지율 하락폭은 평균 50퍼센트를 웃돌고, 미국은 해리 트루먼Harry Truman 대통령 이래로 지지율은 평균 40퍼센트 이상 하락했다. '필연적 하락의 법칙law of inevitable decline'이라 불릴 만하다. 아주대학교 정치외교학과 문우진 교수는 그 이유를 이렇게 설명한다. "선거 승리를 목표로 하는 포괄정당은 가능한 많은 유권자들의 지지를 얻기 위해 후보의 국가 지도자로서 유인誘引적 가치valence를 생산한다. 이러한 가치에 대한 기대감 때문에 일부 유권자들은 자신의 이념을 대변하지 않는 대선 후보를 지지한다. 그러나 임기의 진행과 동시에 대통령의 정책 결과가 노출되게 되면서, 후보가 내세운 가치를 기준으로 지지했던 유권자들이 지지를 철회하기 때문에 대통령 지지도는 필연적으로 하락한다."●

물론 브라질의 룰라 다 실바Lula da Silva 대통령처럼 퇴임 시점에 80퍼센트의 높은 지지율을 누리는 대통령도 없는 건 아니다. 부적절한 관계 때문에 닥친 탄핵 위기를 높은 지지율로 넘긴 빌 클린턴Bill Clinton의 예도 있다. 그러나 대체로 대통령의 지지율은 하락하는 게 정상이다. 레임덕이라는 것도 단순히 대통령의 임기가 거의 다 되었다는 점 때문이 아니라 그것이 낮은 지지율과 결합할 때 나타나는 결과다. 박근혜 대통령은 이제 취임 2주년도 안 지났다. 재임 23개월 즈음에 29퍼센트의 지지율이란 '사실상의 레임덕de facto lame duck'이라고 해도 과언이 아니다. 앞으로 일시적인 반등이 있겠지만 40퍼센트 중·후반의 지지율을 안정적으로 보여주기는 어려울 듯하다. 30퍼센트대에서 소폭 등락을 반복한다면 그것 역시 사실상의 레임덕일 수밖에 없다. 총선을 14개월 남겨둔 상황이라 이제 한국 정치는 지금까지와는 다른 국면으로 진입할 것이다. 대통령의 낮은 지지율이 과연 정치를 어떻게 바꿀까?

●문우진, 「대통령 지지도의 필연적 하락의 법칙: 누가 왜 대통령에 대한 지지를 바꾸는가?」, 『한국정치학회보』(제46집 제1호), 2012년 3월.

위기의 여권

대통령의 지지율이 떨어질 때 여당은 정치적 딜레마에 직면한다. 대통령의 실패는 곧 책임정치의 차원에서 여당에 부담으로 다가온다. 그 부담을 떨어내야 하는 게 당면 숙제다. 하지만 그 방법이 마땅치 않다. 현직 대통령의 탈당 같은 편법은 별로 효과가 없다. 지금처럼 대통령의 임기가 3년이나 남아 있는 시점에 맞닥뜨린 낮은 지지율 상황에서 탈당 카드는 더욱 무리다. 새누리당은 대통령과 거리를 두면서 지지율에서 디커플링을 도모하는 게 불가피하다. 한국갤럽의 조사에서 박근혜 대통령의 지지율은 29퍼센트, 새누리당의 지지율은 41퍼센트로, 지지율 24퍼센트의 새정치민주연합을 압도했다. 새누리당으로서는 박근혜 대통령의 낮은 지지율이 당 지지율에 영향을 끼치는 이른바 범람 효과spillover effect를 차단하는 데 신경을 기울여야 할 것이다.

거리 두기에도 딜레마는 있다. 거리 두기를 하긴 해야 한다. 그런데 지나치게 거리를 두면 여권의 분열로 비쳐지고, 당정 간에 갈등이 늘어가기 때문에 대통령의 지지율뿐만 아니라 당의 지지율도 떨어질 수 있다. 진퇴양난이다. 제일 좋은 방안은 당이 이니셔티브를 갖고 대통령과 행정부를 끌어가는 것이다.

표현하자면 '박근혜 정부'에서 '새누리당 정부'로 탈바꿈하는 것이다. 가능할까? 이것은 대통령이 받아들이기 어렵다. 지지율이 떨어지면 대통령은 통상 지지율에 연연하지 않는다고 방어막을 치면서, 역사의 평가를 명분으로 자신의 어젠다를 밀어붙이려 한다. 시기적으로 임기 말이라면 퇴임 후를 생각해 마지못해 침묵하거나 선당구도先黨構圖, supremacy of party를 수용할 수도 있다. 그러나 임기 중반이라면 대통령이 제도적·관행적 권력을 동원해 밀어붙이는 게 당연한 선택이다.

여론조사의 지지율은 끊임없이 움직이는 것이다. 대통령이 여론의 불만을 초래한 요인들을 제거하면 지지율은 언제든지 오를 수 있다. 또 외교, 국방 등에서 대통령다운 모습을 보이거나 친서민의 이미지 행보를 통해 지지율을 끌어올리는 것도 얼마든지 가능하다. 뜻하지 않은 국가적 위기 상황이 돌발한다면 이 역시 대통령에게는 호재로 작용할 수 있다. 여기서 주목할 점이 있다. 지금 민심이 이반하는 까닭은 다른 무엇보다 박근혜 대통령 자신 때문이란 사실이다. 모든 권력과 권위와 정통성의 원천인 국민보다 실세 3인방*을 중요시하는 것처럼 보인다. 읍참마속의 쇼잉showing조차 거부하고 있으니 국민이 화를 내는 건

●대통령 비서실의 이재만 총무비서관, 정호성 제1부속비서관, 안봉근 국정홍보비서관을 일컫는다. 이들은 박근혜 대통령이 1998년 처음 국회의원이 될 때부터 참모로 일해왔다. 『매일경제』의 보도에 따르면, 정치 분야 전문가 1,125명을 대상으로 하는 설문조사에서 대통령에게 영향을 끼치는 인물 순위에서 이들은 순서대로 1,2,6위를

당연하다. 결국 대통령이 바뀌어야 하는데, 아무리 민의에 민감한 게 정치인이라고 해도 쉽게 그 스타일을 바꾸지 못한다. 이게 문제다. 하물며 원칙과 소신을 트레이드마크로 하는 박근혜 대통령인지라 국민이 체감할 수 있을 정도로 달라진 모습을 보인다는 것은 기대난망이다.

대통령은 바꾸려 하지 않고, 여당은 바꾸려고 하면 충돌이 불가피하다. 한쪽이 양보해야 한다. 새누리당은 다음 선거를 생각해야 한다. 대통령 리스크에서 벗어나야 한다. 안 그러면 정권심판론으로 총선을 치러야 한다. 총선 결과에 자신의 미래가 걸려 있는 김무성 대표로서는 물러서기 어려운 과제다. 보수 집권 9년 차에 치르는 총선이고, 지난 총선과 대선에서 만연한 반MB 정서에도 승리한 다음에 치르는 총선이니 정권심판론이 먹히는 구도는 새누리당으로서는 치명적이다. 2004년처럼 또다시 의회 다수당이 바뀌는 의정 교체가 있을 수도 있다. 소선거구·단순다수제가 아무리 보수에 유리한 선거제도라고 할지라도 현직 대통령에 대한 심판 차원이 아니라 10년 보수정권에 대한 심판의 회고적 투표retrospective voting라면 역부족이다. '묻지 마 반대'의 응징 투표가 대세를 이룰 수도 있다.

기록했다. 참고로 3위는 김기춘 전 비서실장, 4위는 최경환 경제부총리, 5위는 정윤회이고, 이병기 비서실장은 9위에 불과했다. 김선걸, 「박 정부 실세는 이재만·정호성·김기춘…」, 『매일경제』, 2015년 9월 22일.

여느 선출직이 그렇듯 국회의원의 신앙은 재선이다. 단임제의 대통령이나 세 번 연임까지 허용된 단체장과 달리 국회의원은 임기 제한이 없다. 재선에 모든 것을 걸어야 한다. 흔히 비유하듯, 원숭이는 나무에서 떨어져도 원숭이지만 국회의원은 떨어지면 사람대접도 못 받는다. 다음 총선은 2016년 4월에 있다. 이제 얼마 남지 않았으니 국회의원들의 모든 관심은 자신의 재선에 유불리한 요인을 어떻게 관리하느냐에 쏠려 있다. 여당 국회의원으로서는 대통령 리스크, 즉 정권심판론이 가장 부담스럽다. 2004년 대통령 탄핵 역풍이 보여준 위력을 생각하면 두렵기 짝이 없는 프레임이다. 이런 점을 감안하면 새누리당 소속 의원들, 심지어 친박으로 분류되는 의원들까지도 낮은 지지율의 대통령과 이해 충돌을 빚을 수밖에 없다.

답은 간단하다. 스스로든 타의에 의해서든 박근혜 대통령이 바뀌어야 한다. 하지만 박근혜 대통령의 최근 인사를 보면 당을 존중할 생각이 별로 없어 보인다. 잊힌 호칭이자 권위주의 시대를 상징하는 용어인 '각하'를 박근혜 대통령에게 서슴없이 갖다 붙인 사람(이완구 의원)을 총리로 지명했다. 보수 언론과 새누리당이 이구동성으로 요구한 문고리 3인방의 경질도 거부했다. 비서실장의 교체도 미적거리고 있다. 특보 인사에도 국민과의 소통을 고민한 흔적은 거의 없다. 폴생폴사poll生poll死(여론조사에 살고 여론조사에 죽는다는 말)라는 별명에 걸맞게, 또 다음 총선을 의식해 일부 양보하고 외양을 바꾸기도 하겠지만 대통령이 근본적으로 바뀌지는 않을 듯하다. 이렇게 되면 어떻게 될까? 제도적으로 대통령이 가진 권력 자원이 워낙 강하기 때문에 새누리당은 울며 겨자 먹기로 끌려갈 수밖에 없다. 이렇게 되면 새누리당은 2016년 총선을 2012년의 총·대선처럼 야당의 구태를 거칠게 공격하는 식으로 대응할 가능성이 크다. 2015년 2월 8일 전당대회를 통해 다시 친노 체제가 구축되어 새누리당은 친노 대 반노의 프레임에 강한 유혹을 느낄 것이다.

여권이 풀어야 할 가장 큰 숙제는 리더의 존재다. 다음 대선에서 승리할 가능성이 있는 유력 대선 주자의 존재가 절실하다. 2008년 총선에는 현재 권력인 이명박 대통령이 있었고, 2012년 총선에는 미래 권력인 박근혜 당시 비대위원장이 있었다. 지금은 그런 존재가 없다. 대통령의 지지율이 50퍼센트대에 근접하거나 넘어선다면 총선을 박근혜 선거로 치를 수도 있다. 불행하게도 그러기에는 지금 박근혜 대통령의 지지율이 너무 낮다. 차기 대선에 대한 여론조사를 보면 아직 여권의 주자들이 거의 예외 없이 약세다. 반기문 유엔 사무총장이 있기는 하지만 총선 전

에 등장할 수는 없다. 대통령의 지지율이 낮을수록 대안 리더의
등장이 필수적이다. 여의도 정치에서 대안 리더가 부각되지 않
으면 남경필 경기지사나 원희룡 제주지사 등 개혁파들을 적극
활용할 수도 있다. 이래저래 새누리당에 2016년 4월의 총선은
쉽지 않은 선거가 될 것으로 보인다.

기회의 야권

2012년의 총선이나 대선 때에 비해 새정치민주연합이 달라진
건 거의 없다. 밖에 있던 안철수 의원이 당에 합류한 점, 당명이
더 길고 부르기 어려워진 점 외에 딱히 나아진 것은 없다. 당의
지지율은 여전히 20퍼센트 언저리에서 벗어나지 못한다. 차기
대선 주자의 경쟁력에서 보자면 상황은 더 나빠졌다. 가장 강력
한 대선 주자였던 안철수 의원은 기가 많이 꺾였다. 대선 패배
후 대안으로 등장한 박원순 서울시장의 상승세도 한풀 꺾였다.
문재인 의원은 아직도 친노 프레임에서 벗어나지 못하고 있다.
안희정 충남지사나 김부겸 전 의원이 몸집을 불리고 있으나 아
직 힘이 부족하다.

　여전히 부진한데도 새정치민주연합에서 위기감은 찾기 어

렵다. 박근혜 대통령의 지지율 하락 등 여권의 예상 밖 난조 때문이다. 영남대학교 정치외교학과 김태일 교수가 새정치민주연합의 위기의식은 2주가 지나면 사라진다는 법칙을 제시한 바 있는데, 2014년 7·30 재·보궐 선거의 패배나 세월호 특별법을 둘러싼 혼란 때의 위기의식은 금세 흔적도 없이 사라졌다. 대통령의 지지율이 급속도로 하락하고 있고, 새누리당이 비록 정당 지지율은 지키고 있지만 친박과 비박 간에 갈등이 깊어지고 있는데 무엇을 그리 걱정할 게 있으랴 하는 투다. 새정치민주연합이 느긋해하는 이유는 야권 또는 진보 진영 내 경쟁의 부재다. 정의당이 있긴 하지만 새정치민주연합의 위상을 흔들거나 선거에서 표를 빼앗아갈 유력 정당은 없는 것이나 다름없다. 내용적으로 새누리당과의 1 대 1 구도다. 안철수 신당의 태풍이 불어 새정치민주연합이 그 앞의 촛불처럼 위태위태하던 것에 비추어보면 격세지감이다.

이대로 가면 다음 총선에서 새정치민주연합이 승리할까? 박근혜 대통령의 지지율이 30퍼센트대에 머물고, 새누리당에 유력한 대선 주자가 가시적으로 등장하지 않으며, 새정치민주연합이 환골탈태하는 등의 조건이 충족된다면 그럴 수 있다. 경험에 비추어볼 때 새정치민주연합 스스로 달라질 가능성은 별로 없다고 보는 것이 합리적 추론이다. 새로운 당 대표를 뽑는 전당대회가 치러진 과정을 보면 한심하기 짝이 없다. 언론이나 대중적 관심을 표현할 때 쓰는 흥행의 관점에서도 흥미를 끌 만한 기획이나 담론이 없다. 대권과 당권의 분리 같은 이상한 이야기나 흠집 내기 경쟁이 고작이다. 새정치민주연합이 달라지고 있다는 것을 보여주는, 그럼으로써 수권 정당의 면모를 확인하는 계기로 삼지 못하고 있다. 이렇게 프레임이나 이슈, 담론이나 어젠다 등에서 대중적 관심은 고사하고 당원이나 지지층의 참여를 이끌어내지 못하면 전당全黨대회라기보다 반당半黨대회라고 하는 게 옳다.

전당대회는 그냥 누군가를 당 대표나 후보로 선출하는 것에 국한된 것이 아니다. 당의 모든 구성원이 참가해서 정책과 노선, 리더십 등을 새롭게 정리하는 의미를 갖기에 전당대회라는 명칭을 쓰는 것이다. 전당대회를 단순 인물 경쟁으로 국한하면 거당적 차원의 리모델링이 되지 못한다. 좋은 정당일수록 이런 과정을 멋있게 잘 치른다. 전당대회를 통해 유권자의 주목을 끌고, 그들의 이해와 요구를 정책과 노선으로 수렴하고, 당이 지향하는 바를 서로 공유하는 토론과 소통의 프로세스가 핵심이다. 요컨대, 정당은 전당대회를 통해 실력을 키우고, 동시에 그 실력을 보여주어야 한다. 멋있는 전당대회를 만들어내는 당 차원의 기획과 전략이 필요한데, 새정치민주연합의 전당대회를 보면 그런 게 보이지 않는다. 당의 대표를 바꾸는 기계적 산술 게임에 불과한 것처럼 보인다.

전당대회는 경쟁하는 정당과 차별화할 수 있는 좋은 마당이다. 당을 이끌어갈 리더라면 당의 갈 길을 제시해야 한다. 그 중에서 특히 야당이라면 여당이 잘못하고 있는 바를 잘 정리해서 비판 담론으로 제시해야 한다. 그러면서 대안도 제시해야 한다. 실제 연설을 듣거나 토론회를 보면 그런 이야기가 아주 없지는 않다. 다만 언론이 보도해주지 않아 억울하게 매도당한다고 항변한다. 이런 볼멘소리에 일부 수긍도 되지만, 그럼에도 핵심은 빈약한 내용이다. 언론 환경이 하루아침에 바뀐 것도 아닌 만큼 그런 사정을 전제로 기획을 하고 전략을 짜야 하는 것이다. 언론이 핵심 '요지'를 보도하지 않을 수 없게끔 해야 한다. 대안을 갖고 쉽고 간결하게 비판하는 데 성공해야 비로소 POD Point Of Differentiation가 대중적 소구력을 갖게 된다. 자신의 어젠다를 부각하고, 쟁점화하고, 그것을 통해 대중이 간명하게 판단할 수 있게 하는 것이 대중적 리더십의 정수다. 새정치민주연합이나 그 리더들은 이런 정치력을 보여주지 못하고 있다.

새정치민주연합이 가진 강점이라 할 수 있는 것은 대선 후보군의 우위다. 아직 대선이 많이 남아 있어 인지도나 인기도를 측정하는 것에 불과하지만, 그래도 대선 후보 지지율에서 새정치민주연합 후보들이 앞 순위를 차지하고 있다. 박원순, 문재인, 안철수 등이 김무성, 김문수, 남경필 등 새누리당 후보들보다 우위에 있다. 확장성이나 시대 흐름에서 이들 후보의 우위는 충분히 수긍할 만하다. 사실 입장을 바꿔서 새누리당의 입장에서 보면 유력한 대선 후보의 부재가 주는 불안감은 상당하다. 반대로 새정치민주연합이 인물 구도에서 보이는 강세를 마냥 우습게 볼 일도 아니다. 분명 상당한 이점이다.

지난 2012년 대선을 반추해보면, 인물 경쟁력에서 오랫동안 독보적 위상을 누려왔음에도 당시 박근혜 후보는 박빙의 승부를 펼쳤다. 최근의 다양한 선거에서 득표율을 기준으로 보면 보수 대 진보의 근소한 접전은 일관되게 나타나는 현상이다. 보수 대 진보를 진영으로 나눠 득표율을 정리하면, 2012년 국회의원 선거 46.0퍼센트 대 46.8퍼센트, 2012년 대통령 선거 51.6퍼센트 대 48.0퍼센트, 2014년 지방선거 47.0퍼센트 대 47.5퍼센트로 나타났다. 따라서 인물 구도만으로 승리를 가늠하기 어렵다.

또 하나, 강한 진영 대결 구도다. 진영 대결 구도는 인물 경쟁력의 요소가 차지하는 비중을 줄인다. 진영 논리 때문에 유권자가 인물을 볼 심리적 기회가 엷어질 수밖에 없다. 게다가 진영을 가르는 잣대가 정치·도덕적 이슈일 경우에는 사회경제적 투표가 어려워진다. 남북문제라든지, 지역주의에 관련된 문제, 품성 문제 등이 진영을 가르는 '쐐기 이슈wedge issue'로 작동할 때는 진보를 표방한 쪽이 불리하다. 예컨대 북방한계선NLL 이슈에서 노무현 전 대통령이 NLL을 포기했는지는 부차적인 차원이다. 남북문제를 기준으로 보수와 진보의 차이가 드러나고 대립하는 구도는 사회경제적 해법의 차이를 은폐하는 역할을 한다. 요약하면 이렇다. 진영 대결의 구도에서도 심판론이나 인물론이 작동하기도 어렵게 하지만, 그 대결의 이슈가 사회경제적 이슈가 아닐 경우에는 진보에 더욱 불리하다.

새정치민주연합이 박근혜 정부 2년 동안 보여준 프레임 전략은 민주 대 반민주 구도였다. 국정원의 대선 개입이나 2014년 4월 16일에 있었던 세월호 참사도 내용적으로 민주 대 반민주의 프레임으로 풀어냈다. 안전을 지키지 못한 무능을 도덕적으로만 풀어냈을 뿐 사회경제적으로 정의하지 못했다. 그러다 보니 결국 여야 간의 진영 논리에 갇혀버리고 말았다. 새정치민주연합의 실력으로는 인물 우위의 측면을 계속 지켜내기도 어렵거니와, 그 인물 우위에 안주해 이미 다 이긴 듯 자신들끼리 제로섬 경쟁을 벌이는 추태마저 보여줄 수도 있다. 언뜻 보면 문재인 대 김무성이나 박원순 대 김문수가 대결하는 구도가 굉장히 쉬운 승부처럼 보인다. 하지만 강한 진영 대결에 정치·도덕적 프레임이 작동하면 실제로 그렇게 쉽지는 않을 것이다.

실력으로 이겨라

2016년 총선과 2017년 대선을 향한 게임은 이미 시작되었다. 그 시작을 알리는 휘슬 소리는 박근혜 대통령의 지지율 하락이다. 박근혜 요인이 약화되면서 새로운 국면이 열리고 있다. 누가 유리하고, 누가 불리하다는 식의 단선적 전개가 아니라 다양한 측면에서 유불리가 뒤섞여 있다. 박근혜 대통령의 지지율 하락이 야권에 유리하게 작용할 것으로 보이나, 경우에 따라선 야당을 방심하게 하고, 여당으로 하여금 변화를 모색하게 강제할 수도 있다. 박근혜 대통령에게 눌려 전전긍긍하던 새누리당이 활력을 찾는 계기가 될 수도 있다는 말이다.

정치는 상대가 있는 게임이기 때문에 내가 잘하는 것도 중요하지만, 상대가 못하는 것도 그에 못지않게 중요하다. 그러나 분명한 것은, 상대의 못남에 편승하다가는 낭패를 당하기 쉽다는 사실이다. 상대가 어느 순간 그 못남을 떨어내고 잘하게 되면 곧바로 나의 못남이 속살 그대로 드러나기 때문이다. 정치란 묘해서 상대가 못하면 그에 편승하려 할 뿐 자기가 잘하려는 노력을 게을리하기 쉽다. 상대가 못해도 그와 별개로 자신의 못남을 떨어내는 노력을 하는 경우는 극히 드물다. 새정치민주연합은 자신을 바꾸는 데 성공해야 상대의 실책 때문에 생기는 반사이익도 제대로 누릴 수 있다. 새누리당도 스스로 변신하는 데 힘을 쏟기보다 상대의 못난 점을 부각해서 위기를 만회하려 하면 엄청난 패배를 겪을 수도 있다.

박근혜 요인의 약화는 새누리당이나 새정치민주연합을 비롯한 모든 정당, 정치 세력에 새로운 변화를 요구하고 있다. 누구도 유권자의 사랑을 못 받는 일종의 리더십 공백이 생겨났고, 때문에 백가쟁명의 경쟁이 불가피해졌다. 우습게도 이런 흐름에 가장 민감하게 반응하는 세력이 친이다. 이명박 전 대통령은 전례 없이 퇴임 2년 만에 회고록을 내면서 현실 정치에 뛰어들었다. 박근혜 대통령의 때 이른 몰락으로 친박이 위축되자 향후 정치에 하나의 정파로 분명하게 나서겠다는 의지마저 읽힌다. 정권을 잃고 몰락한 것처럼 보였던 친노가 부활했듯 그들도 그런 꿈을 꾸는 듯하다. 어찌되었든 MB파의 선제적 공세는 정치가 유력한 강자 없이 물고 물리는 경쟁 국면으로 접어들었음을 말해준다. 박근혜 대통령이 어떻게 대응할지가 주목된다.

제 2 장

누가

우리

정치를

죽이는가?

대통령은
어떻게
민주주의를
해치는가?

민주주의를 해칠 수 있는 대통령의 권력

박근혜 대통령은 참 특이한 정치인이다. 통상의 관행이나 문법
에서 벗어나기 일쑤다. 우선 콘크리트에 비유될 정도로 견고한
지지율을 누리고, 열렬한 지지층을 확보하고 있다. 과거 3김 이
후 유일한 정치인이다. 박근혜 대통령은 누가 봐도 불리할 것 같
은 선거에서조차 승리를 일궈낸다. 2004년 당 대표로 등장한 이

후 치른 각종 선거를 따져보면 가히 선거의 여왕이란 명성에 걸맞은 성적을 냈다. 부인할 수 없는 사실이다. 그런데 정치나 선거에서는 발군의 실력을 보여주면서도 그 밖의 분야에서는 상상을 초월할 정도로 한심하다. 메르스 사태에 대응하는 모습을 보면 어쩌면 저렇게 못할까 싶다. 열심히 하는데 못하는 게 아니라 아예 잘할 생각이 없어 보인다. 실력도 없지만 의지는 더 없다는 이야기다. 심지어 뭔가 잘못되어도 자기 책임이라는 생각조차 하지 않는 듯하다.

역대 대통령은 공식적인 언급을 할 때 절제된 표현을 썼다. 이는 대통령직이란 자리가 요구하는 일종의 행위 준칙이라 할 수 있다. 물론 노무현 전 대통령처럼 자신의 감정을 솔직하게 드러내는 화법을 쓰는 경우도 있다. 그러나 노무현 전 대통령도 누군가를 적대시하는 표현을 대놓고 쓰지는 않았다. 가장 강력한 권위와 가장 많은 권력을 갖고 있는 대통령이기 때문에 자칫 민주주의가 훼손될 수 있기 때문이다. 헌법에 삼권분립의 원칙이 정해져 있지만, 대통령이 힘으로 새누리당의 유승민 원내대표를 찍어낸 것이 좋은 예다. 민주주의에서는 국민이 주권자이기 때문에 그로부터 권력을 제한적으로 위임받은 대통령은 언행을 조심해야 한다. 국민이 지켜보는 자리에서는 감정의 기복을 드러내지 않아야 한다. 대통령이 국민을 억누르는 것처럼 보이기 때문이다. 2015년 6월 25일 국무회의 자리에서 박근혜 대통령이 쏟아낸 말들을 보면 분노와 적의로 가득 차 있다. 그날 영상에서 본 박근혜 대통령의 모습은 한마디로 무서웠다. 민주정의 대통령이 아니라 사극에서 볼 수 있는 왕정의 여왕, 진노한 여왕의 모습이었다.

대통령은 왕이 아니다. 대외적으로 국가를 대표하는 국가원수의 지위를 갖지만 국내적으로는 행정부의 수반일 따름이다. 우리가 흔히 권력 구조를 분류할 때 대통령제라는 말을 쓰는데, 이 말 때문에 오해가 생긴다. 대통령제의 기저 원리는 삼권분립이다. 입법부와 행정부와 사법부가 분립하는 가운데 입법부가 선차先次적 위상을 갖는 게 삼권분립의 원리다. 분립하는 삼권을 관통하는 것이 바로 법치다. 법을 만드는 사람을 국민이 선출하고, 그 법에 의해 이해관계가 조정·관리되고, 법을 기준으로 옳고 그름이 판정된다. 이 법을 만드는 곳이 입법부이기 때문에 삼권 중에 입법부가 우월성supremacy을 가질 수밖에 없다.

"대통령제 국가에서 의회가 행정부보다 더 중요하기 때문에 헌법에서 행정부에 우선해 의회를 규정하고 있는 것이다. 민주주의 정치 체제에서 모든 권력은 의회에서 출발한다."● 서강

●이현우, 「대한민국은 대통령 중심국가가 아니다」, 『내일신문』, 2015년 6월 29일.

대학교 정치외교학과 이현우 교수의 정리다. 대통령제가 처음 생겨난 미국에서도 비록 건국 이후 대통령의 권한이 더 세지고 있기는 하지만 기본적으로 입법부의 위상이 더 높다. 따라서 민주주의가 법치민주주의, 대의민주주의인 이상 입법부의 권위와 권능이 우선한다.

"미국 대통령제에서는 입법부가 먼저 법안을 만들어 행정부에 제안하고, 행정부(대통령)는 입법부가 제안(발의)한 법안에 수정을 요구하지 못한다. 그 제안을 받을 것인지, 거부할 것인지 take it or leave it만 결정할 수 있다. 이러한 의사 결정 규칙에서 먼저 제안하는 측을 '의제 설정자agenda setter'라고 부른다. 즉 미국 대통령제에서는 의제 설정자인 의회가 제안한 입장에 대해 거부권 행사자인 대통령은 거부와 수용 중 한 가지만 선택할 수 있다. 이에 비해 의회제(내각책임제)에서는 행정부가 법안을 제출하고, 의회는 동의 여부(거부권)를 결정한다(행사한다). 따라서 미국의 대통령제에서는 의회가 의제 설정자인 반면 의회제에서는 행정부가 의제 설정자가 된다. 일반적 통념과는 반대다." ● 아주 대학교 정치외교학과 문우진 교수의 이 지적처럼 대의민주주의의 설계에서 대통령은 미디어를 통해 보이는 것과 달리 제한적·종속적 존재다.

● 문우진, 「"대통령제에선 국회가 의제 설정…미국도 의회에 결정권"」, 『중앙일보』, 2015년 6월 28일.

대통령에게 허용된 거부권이라는 것도 방어적 수단이다. 입법부가 법을 통해 행정부를 좌지우지할 수 있으니 대통령에게 방어권 차원에서 허용한 것이 거부권이다. 대통령이 거부하더라도 의회가 다시 3분의 2의 의결로 대통령의 거부권을 무력화할 수 있는 것도 거부권의 방어적 성격을 잘 보여준다. 제도적 권능에 따르면 대통령, 즉 행정부가 의회, 즉 입법부를 이길 수는 없다. 대통령제의 숙명이다. 그런데 박근혜 대통령은 헌법에 보장된 거부권이 최종 심판권인 것처럼 받아들이고 있다. 모르면 무지無知고, 알면 무치無恥다.

과연 박근혜 대통령의 특이성은 어디까지일까? 대통령으로서 새로운 롤 모델을 창조하고 있다. 행정에는 관심조차 없어 보이고, 정치에서는 그 누구도 다른 생각을 갖지 못하게 한다. 헌법에 정해진 대통령의 권리나 의무에서 자유롭다. 그야말로 '아몰랑'이다. 모든 것을 내 편과 네 편의 이분법으로 판단한다. 대통령이 깨알 같이 지적하는 내용을 열심히 잘 받아 적는 사람이 살아남는다는 '적자생존'에 이어, 입은 다물고 또 다물수록 보신保身에 도움이 되는 '다다익선'이 박근혜 시대의 처세술이 되었다. 문득 이런 질문이 떠오른다. 박근혜 대통령은 퇴임 후 다른 대통령들처럼 조용히 지낼까? 지금의 일탈한 모습에 견주어 추론해보면 그렇지 않을 수도 있겠다는 생각이 든다. 퇴임 후에도 현실 정치인으로 계속 활동할 가능성도 없지 않다. 어쩌면 우리는 전직 대통령이 정당의 대표가 되거나, 현실 정치에 적극 개입하거나, 선거에서 지원 유세를 하는 모습을 보게 될지도 모르겠다. 상상만으로도 섬뜩하다.

언론이 민주주의에 끼칠 수 있는 해악

2015년 6월 25일 박근혜 대통령의 발언으로 시작된 정치 파동을 유승민 사태 또는 사퇴 파동으로 명명하는 것은 옳지 않다. 박정희 대통령 시절의 10·2 항명 파동에 빗대자면 6·25 월권 파동이라 할 수 있다. 대통령이 월권했다는 게 사태의 본질이기 때문이다. 그런데도 보수 언론은 시종일관 대통령의 잘못보다 유승민 원내대표의 사퇴 여부에 초점을 맞추었다. 심각한 본말 전도다. 언론이 유승민 원내대표에게 초점을 맞출수록 박근혜 대통령의 월권행위는 감추어진다. 이 문제에 대한 언론 보도는 경마 보도를 넘어 무협지 수준이다. 이런 발언을 노무현 대통령이 재임 시절 했더라면 보수 언론이 어떻게 보도했을까? 노무현 대통령을 연일 집중 성토했을 것이다. 실제로 그들은 노무현 대통령 시절 대통령의 말과 태도를 사사건건 쟁점화하고 집요하게 비판했다.

그런데 이번 파동은 한국 사회를 움직이는 언론 권력의 실체를 되돌아보게 해준다. 언론이 특별히 선호하는 인물을 미디어 피겨media figure라고 부른다. 민주화 이후 한국 정치사에서 언론이 유독 애지중지하거나 호위무사를 자처한 정치인이 김영삼 전 대통령과 박근혜 대통령이다. 김영삼은 정당의 대변인 시절 기자들이 논평을 대신 써줄 정도로 언론이 총애했다. 3당 합당 이후 내각제 개헌을 약속하는 문건이 공개되었을 때도 언론은 약속을 깬 김영삼을 편들었다. 김영삼이 치열한 내부 권력투쟁을 거쳐 대통령이 된 데는 여러 요인이 있겠지만, 언론의 지원과 보호라는 요인을 빼놓을 수 없다. 지금과 달리 오프라인 신문이 여론 형성에 독점적 지위를 누리던 시절이라 그들의 보호는 절대적 원군이었다.

박근혜 대통령도 언론의 사랑을 참 많이 받았다. 처음 공천을 받아 국회의원이 되었던 당을 탈당했을 때도, 2004년의 17대 총선 후 열린우리당이 이른바 4대 개혁법을 밀어붙이자 이에 반대해 장외투쟁에 나섰을 때도 보수 언론은 여론의 싸늘한 반응에도 상관없이 박근혜를 지지해주었다. 심지어 북한을 다녀왔을 때도 그랬고, '지하경제 활성화' 등 각종 말실수를 반복해도 아랑곳하지 않고 보호하고 지켜주었다. 지난 2012년 대선 때도 참 많은 실수를 했지만 보수 언론은 의연하게 그를 엄호하고 호위했다. 언론이 다른 정치인에게 들이대는 검증의 창을 그에게 거누었더라면 박근혜라는 정치인의 대중적 이미지는 많이 달라졌을 것이다. 그런 점에서 보수 언론이야말로 김영삼과 박근혜를 대통령으로 만들어낸 '최후의 권력'이라 할 수도 있다.

한국 언론의 문제점 중 하나는 호오好惡에 따라 평가의 잣대가 달라진다는 점이다. 좋아하면 약점도 덮어주고, 실수도 눈감아준다. 싫어하면 없는 단점도 들추어내고, 잘한 것도 폄훼한다. 언론인도 사람이다 보니 호오의 감정을 갖고, 그에 따라 태도가 달라지는 것까지도 많이 양보하면 일부 수긍할 수 있다. 그렇다고 해서 그의 자질에 대한 검증이나 엄밀한 평가를 생략해서는 안 된다. 한 나라를 이끌어갈 자질을 갖추고 있는지, 한 시대를 경영할 비전과 경륜이 있는지는 가혹하게 따져야 한다. 그런 검증과 평가를 통해 정치인이 진화하기 때문이다. 칭찬이 고래를 춤추게 한다지만 그 칭찬 때문에 비뚤어질 수도 있다. 미운 자식에게 떡 하나 더 주고, 예쁜 자식에게 매 한 대 더 때린다는 말도 있지 않은가. 언론의 찬사와 보호는 어떤 정치인의 권력의

지에는 약이지만 실력 양성에는 독이다. 진영 논리에 빠진 언론은 정치를 망치고, 정치인을 병들게 한다.

언론이 애지중지한 김영삼은 대통령 재임 시절 6·25 전쟁 이후 최대 국난이라는 IMF 사태를 초래했다. 이 때문에 얼마나 많은 사람이 고통을 겪어야 했는가. IMF 사태는 무능한 정치 지도자가 만들어낸 참사였다. 그 때문에 퇴임 후 김영삼 전 대통령은 '잊힌' 대통령으로 지내야 했다. 박근혜 대통령에 대한 퇴임 후의 국민적 평가가 어떨지는 아무도 모를 일이다. 하지만 지금까지 보여준 모습만으로도 박근혜 대통령이 무능하다는 사실만큼은 부정할 수 없다. 탐욕의 이명박이라면 무능의 박근혜다. 박근혜 대통령의 무능은 그간 언론이 과보호하고, 애면글면 보살펴준 탓에 숨겨지고 드러나지 않았다. 그러면서 계속 무능의 정도는 깊어지고 넓어졌다. 그 무능이 대통령이 된 후에 백일하에 드러났고, 그 대가를 지금 우리 국민이 치르고 있는 것이다.

민주주의가 제대로 작동하기 위해 언론의 존재는 필수적이다. 그러나 언론이 제 역할을 못할 때에는 해악을 끼치기도 한다. 그중 하나가 언론이 호오의 감정이나 진영 논리 때문에 정치인에 대한 검증을 소홀히 하는 것이다. 언론계의 속설에 기자와 콩나물은 물 먹고 자란다고 하는데, 정치인은 비판으로 인해 절제를 배우고 성장한다. 언론의 자유가 필요한 진짜 이유다. 언론의 자유가 언론사의 자유를 무제한 허용해주는 방편으로 이용되는 것은 잘못이다. 좋고 싫음을 떠나 언론은 엄정한 잣대로, 그리고 동일한 잣대로 정치인을 검증하고 평가해야 한다. 자의적, 부당한 잣대를 휘두르는 언론은 민주주의에 해악이다.

오너십과 정당과 책임정치

세간에 박근혜 대통령이 유승민 원내대표를 대놓고 몰아낸 것이 대한항공 조현아 전 부사장에 의해 저질러진 이른바 땅콩 회항 사건과 비슷하다는 이야기가 있다. 적절한 비유다. 조현아 전 부사장은 사무장을 비행기에서 내리게 했다. 명백한 월권이었다. 항공기 운항에 책임을 진 기장은 무기력했다. 조현아 전 부사장의 측근인 여 모 상무는 사건 발생 후 그를 대신해 온갖 뒤치다꺼리를 하다 구속되기까지 했다. 박근혜 대통령이 조현아 전 부사장, 사무장은 유승민 원내대표, 항공기는 새누리당, 기장은 김무성 대표, 여 모 상무는 친박 측근들이다. 권한도 없는 박근혜 대통령이 유승민 원내대표에게 '너 내려'라고 한 것이니 두 사건은 흡사하기 짝이 없다.

두 사건에서 주목할 점은 오너십ownership의 문제다. 조현아 전 부사장은 오너 일가의 사람이다. 대한항공 조양호 회장의 딸이니 오너라고 해도 과언이 아니다. 박근혜 대통령도 자신이 새누리당의 오너라는 생각을 갖고 있는 것 같다. 사실 지금의 새누리당을 거슬러 올라가면 그 연원이 박정희 시대의 공화당에 있음을 알 수 있다. 공화당이 민정당-신한국당-한나라당을 거쳐 지금의 새누리당으로 이어지고 있는 셈이다. 아버지가 만든 정당이라는 게 박근혜 대통령이 새누리당을 바라보는 기본 시각이다. 게다가 박근혜 대통령은 새누리당을 새롭게 중건重建한 자부심을 갖고 있다. 2015년 6월 25일 국무회의 석상에서 발언한 대목 중에 이런 것이 있다.

"저도 당 대표로서 비상대책위원장으로 무수히 어려운 상황을 이겨내고 국민들에게 신뢰를 받기까지 어려운 고비를 넘겨서 당을 구해왔던 시절이 있었습니다.……저도 결국 그렇게 당선의 기회를 달라고 당과 후보를 지원하고 다녔지만 돌아온 것은 정치적·도덕적 공허함만이 남았습니다."

박근혜 대통령은 2004년과 2012년 당을 살려낸 것이 자신이라는 생각 때문에 새누리당에 대한 오너십을 갖는 것으로 보인다. 아버지 박정희 대통령을 새누리당의 시조로, 자신을 중시조中始祖로 여기는 셈이다. 이러니 삼권분립 운운하며 아무리 월권이라 비판해도 안중에 없는 것이다.

그런데 비록 오너십을 갖는다 하더라도 오너가 모든 것을 마음대로 할 수 있는 것은 아니다. 회사의 오너가 '내 회사 내 마음대로 한다'는 생각은 틀렸다. 전근대적 사고다. 일반 기업도 이럴진대 하물며 개인의 사유재산이 아닌 정당은 더더욱 개인이 마음대로 할 수 없다. 정당은 사유재가 아니라 공공재다. 정당에 국민 세금을 지원하는 이유도 이 때문이다. 박근혜 대통령이 오늘의 새누리당이 있기까지 얼마나 큰 공헌을 했든, 자신이 얼마나 새누리당을 아끼든 상관없이, 당은 그가 좌지우지할 수 있는 사적 소유물이 아니다. 그렇게 되면 그것은 공당公黨이 아니라 사당私黨이 된다.

현대 민주주의를 정당민주주의라 하는 이유는 정당이 정치적 책임의 주체이기 때문이다. 즉, 정당의 존재로 인해서 유권자가 공직자에게 정치적 상벌의 책임을 물을 수 있다는 이야기다. 누군가 선출직 공직자가 마음대로 하고 임기 끝난 뒤에 물러나버리면 재선시켜주지 않는 것으로 책임을 물을 수 있을 뿐이다. 그 한 번만 화끈하게 저지르고 떠나겠다고 하면 제지할 방법이 없다. 하지만 정당이 존재한다면, 다시 말해 그가 정당의 공천을 받아 당선되었다면 정당이 그의 자의적 행위를 제어할 수 있다. 정당은 한 번의 선거만 하는 게 아니라 여러 번의 선거를 해야 한다. 게다가 선거는 수시로 있다. 정당은 다음 선거에도 참여해야 하므로 한 선거, 한 임기로 끝낼 수 없다. 그 때문에 정당이 공천한 선출직 공직자가 잘못할 때는 이를 견제하고, 교정할 수 있다. 이처럼 정당의 존재로 인해 유권자는 일상적으로 책임을 물을 수 있는 것이다. 무릇 정당이 없으면 책임정치도 없다.

이번 파동처럼 대통령이 정당을 자신의 하부 기관으로 만들어버리면 정당의 책임정치 기능은 반쪽짜리로 전락하고 만다. 유권자가 다음 선거에서 심판할 수는 있지만 그 전에는 지켜볼 수밖에 없다. 정당이 제 기능을 한다면 그 정당을 통해 유권자들이 대통령에게 책임을 물을 수 있다. 정당이 유권자의 여론을 존중해 대통령이 일탈하지 않도록, 권한을 남용하지 않도록 견제할 수 있기 때문이다. "그들이(정당이) 공직에 선출해놓은 사람들을 효과적으로 동원하지 못하고 있기 때문이다." 샤츠슈나이더가 미국 민주주의의 실패 이유를 지적하는 말이다. 정당이 공천해서 당선된 공직자를 제대로 제어하지 못하면 민주주의는 효과적으로 작동하기 어렵다.

대통령제의 특징 중 하나는 임기가 고정되어 있다는 점이다. 내각제의 총리는 임기가 따로 없다. 언제든지 교체될 수 있다. 그러나 대통령제는 대통령의 임기가 정해져 있어 거의 바꿀 수 없다. 따라서 내각제는 정치적 책임을 바로바로 선거를 통해 물을 수 있지만, 대통령제는 임기제 때문에 그것이 불가능하다. 따라서 대통령제는 정당이 바로 서는 게 대단히 중요하다.

정당이 소속 공직자들을 통제하지 못하면 대통령제에서 책임정치는 구현되기 어렵다. 일상적인 차원에서 정당이 대통령을 제어하는 수단이 입법이다. 입법화되지 않은 정책은 사실상 불가능하다. 입법은 의원들을 거느린 정당의 몫이기 때문에 대통령도 자신이 속한 정당의 눈치를 살필 수밖에 없는 것이다. 미국의 대통령은 입법을 위해 자신이 속한 정당의 눈치를 많이 살핀다. 박근혜 대통령이 유승민 원내대표를 힘으로 찍어낸 결과 새누리당은 책임정치의 주체로서 역할하기 어려워졌다.

좋은 대통령, 나쁜 대통령

버락 오바마Barack Obama 대통령은 2015년 6월 26일 백인우월주의자의 총에 숨진 흑인 목사인 클레멘타 핑크니 목사의 장례식에 참석해 추모 연설을 하다가 한동안 침묵 끝에 〈어메이징 그

레이스amazing grace〉라는 찬송가를 부르기 시작했다. 청중은 처음에 당황했으나, 곧 박수가 터져나왔고 모두 일어나 성가대의 반주에 맞추어 그 자리에 모인 6,000여 명의 추모객이 대통령과 함께 노래를 불렀다. 이런 것이 대통령 리더십이다. 인종에 상관없이 그 자리에 참여한 사람들이 한 목소리로 〈어메이징 그레이스〉를 부르는 모습과 그 감동을 이끌어낸 대통령의 리더십은 많은 미국 국민에게 큰 감동을 선사했다. 흑백 갈등으로 내전까지 치른 나라의 대통령으로 슬픔 앞에서 갈등을 치유하는 통합자로서 모습을 보여준 것이다. 미국 언론들도 2008년 집권 후 오바마 대통령이 보인 모습 중에 최고의 순간이라는 평가를 내렸다.

대통령이 헌법에 정해진 틀을 벗어날 수는 없지만, 직접 선거로 선출됨으로써 갖는 독자적인 정통성 때문에 또 다른 역할을 부여받는다. 통합자의 역할이다. 대통령이 정당의 공천을 받아 출마하기 때문에 그가 당파성을 갖는 것은 당연하다. 그럼에도 의회가 정당 간의 대립으로 인해 공전할 경우엔 자신이 속한 정당의 편을 들기보다는 제3자적 스탠스stance에서 중재하고, 조정하고, 화해시킬 수 있다. 이런 역할은 국민이 직접 뽑은 대통령이라는 사실에서 비롯된다. 대통령이 정당의 틀에서 벗어날 수는 없지만 그렇다고 해서 그 정당의 대리인이나 아바타로 국한되지 않는다는 의미다. 대통령은 위대한 통합자great integrator 의 역할을 해야 한다. 최초의 흑인 대통령이지만, 오바마는 그 역할을 잘 해내고 있다.

우리는 어떤가? 오바마 대통령이 통합자의 역할을 할 때 박근혜 대통령은 분열자로 나섰다. 국무회의 석상에서 유승민 원내대표를 몰아내라는 '어명'을 내렸다. 국무를 다루는 회의에서 자신의 일도 아닌 당무를 이야기하는 것부터가 우습다. 대통령이 해서는 안 될 이야기지만 백보 양보해서 그래도 해야겠다면 당 대표를 만난 자리에서 해야 하고, 비공식적으로 해야 한다. 새누리당이 의원총회를 열어 대통령이 거부한 국회법 개정안을 폐기하기로 결정함과 동시에 유승민 원내대표를 재신임하는 결정을 내렸으나 대통령은 끝내 물러나라고 압박했다. 대통령으로 인해 여야 합의로 통과된 국회법 개정안은 폐기되었고, 여당은 극심한 내홍을 겪어야 했다. 기존의 여야 갈등에다 입법부와 행정부 간 갈등, 게다가 당내 갈등까지 대통령이 부추기는 꼴이다. 거대한 분열자great splitter라 할 만하다.

물러나는 유승민 원내대표가 이렇게 퇴임의 변을 밝혔다. "진흙에서 연꽃을 피우듯, 아무리 욕을 먹어도 결국 세상을 바꾸는 것은 정치라는 신념 하나로 저는 정치를 해왔습니다. 평소

같았으면 진즉에 던졌을 원내대표 자리를 끝내 던지지 않았던 것은 제가 지키고 싶었던 가치가 있었기 때문입니다. 그것은 법과 원칙, 그리고 정의입니다. 저의 정치 생명을 걸고 '대한민국은 민주공화국'임을 천명한 우리 헌법 제1조 제1항의 지엄한 가치를 지키고 싶었습니다. 오늘이 다소 혼란스럽고 불편하더라도 누군가는 그 가치에 매달리고 지켜내야 대한민국이 앞으로 나아간다고 생각했습니다." 국민을 통합하고 헌법을 지켜야 할 대통령이 분열을 조장하고, 헌법을 무시하고 있다는 통렬한 비판이다. 유승민 원내대표는 이번 파동의 본질을 정확하게 짚고 있다. 이 파동은 너무 많은 권력을 가진 대통령이 자칫 민주주의를 해칠 수 있다는 사실을 적시하는 좋은 사례.

2001년 9월 14일, 9·11 테러가 발생한 지 사흘 뒤, 뉴욕 그라운드제로의 현장은 잔해 제거 작업과 시신 발굴 작업 때문에 정신이 없었다. 경찰, 소방관, 자원봉사자들이 비지땀을 흘리고, 장비들도 큰 기계음을 내며 분주하게 움직였다. 이 현장에 조지 부시 대통령이 나타났다. 베이지색 점퍼 차림의 부시는 먼지를 덮어쓴 소방관과 어깨동무를 하고 확성기로 말했다. "저는 여러분의 목소리가 똑똑히 들립니다. 전 세계도 여러분의 절규를 들었을 겁니다. 이 건물들을 쓰러뜨린 자들도 곧 우리의 응답을 들게 될 것입니다." 대통령이 재난의 현장 사령관, 컨트롤타워로 역할을 해야 한다는 점을 조지 부시는 이날 분명하게 보여주었다. 대통령은 모든 책임을 지는 실질적 통제자여야 한다.

박근혜 대통령은 4·16 세월호 참사 다음 날 전남 진도 팽목항의 실내체육관에 경호원들로 둘러싸인 채 단상에 올랐다. 마이크로 단상 아래의 유가족들과 질의응답을 나눌 뿐 그의 모습에서 유가족들과 소통하고 공감하는 진정성은 보이지 않았다. 현장 사령관의 리더십도 보여주지 못했다. 메스르 사태 때는 3차 감염자가 나온 날에도 지방 행사에 참여했고, 확진 환자가 나온 지 무려 16일 만에 현장(국립중앙의료원)을 찾았다. 또 정보를 공개한 박원순 서울시장을 비판하기까지 했다. 무능하고 무심했다. 무책임하게 남 탓으로 일관했다. 심지어 2003년에 사스에 잘 대응해 방역 모범국이라는 소리를 들었는데, 박근혜 정부는 이와 너무 다르다는 비판에 발끈하는 모습도 보여주었다. 박근혜 대통령은 두 사태는 양상이 다르기 때문에 비교할 수 없다고 했는데, 이런 사태 앞에서도 겸허하기보다 자존심을 내세우는 꼴이다. 대통령답지 못한 추태다.

이번 파동은 박근혜 대통령이 이긴 듯하지만 소탐대실이다. 내용적으로 진 싸움이다. 배신의 정치로 규정한 유승민 원내대표는 대권 주자로서 확실한 입지를 구축해버렸다. 자신의 뜻을 따르는 친박 중에는 어엿한 대권 주자는커녕 당권 주자나 원내대표감도 없다. 척박한 불모지나 다름없다. 이로써 박근혜 대통령의 불패 신화나 콘크리트 지지율의 명성도 흔들릴 것이다. 과거 미국의 로널드 레이건 대통령을 테플론 대통령Teflon president라고 부른 적이 있었다. 테플론이란 잘 달라붙지 않는 소재의 속성처럼 대통령이 숱한 실수와 스캔들에도 비판이 달라붙지 않아 생긴 말이다. 민주당의 당시 하원의원이던 퍼트리샤 슈뢰더Patricia Schroeder가 1983년에 만든 말이다.

테플론 대통령에 빗댄 레블론 대통령Revlon president이라는 말이 쓰인 적이 있다. 로널드 레이건의 뒤를 이은 조지 부시George H. W. Bush 대통령을 두고 1989년 작가 피터 에덜먼Peter Edelman이 만들어냈다. 레블론은 화장품 브랜드다. 큰 문제에 단지 화장술 해법cosmetic solution을 제시했다는 점을 지적하기 위한 조어다. 박근혜 대통령의 집권 3년도 이와 다르지 않다. 뭐 하나 제대로 개혁된 것이 없고, 경제를 비롯해 나라는 여전히 엉망이다. 테플론에서 레블론으로, 박근혜 대통령의 달라진 처지를 말해주는 표현이다.

인사
실패와
대통령의
선택

인사 실패가 인사청문회 탓일까?

한국 정치의 특징 중 하나는 불리하면 제도를 탓하고 바꾸려 하는 것이다. 인사청문회 제도를 도입하는 데 적극적으로 앞장섰던 정당이 지금의 새누리당이다. 2000년 6월 국무총리, 감사원장, 대법원장과 대법관, 헌법재판소장을 대상으로 인사청문회를 실시하는 인사청문회법이 제정되었다. 2003년 3월 이 법을 개정해 국가정보원장, 검찰총장, 국세청장, 경찰청장 등 이른바 권력기관의 장을 인사청문회 대상으로 포함시켰다. 인사청문회 대상을 모든 국무위원으로 확대하고, 헌법재판소 재판관과 중앙선거관리위원회 위원도 인사 청문의 대상에 포함시키는 법 개정은 2005년 7월에 있었다. 인사청문회 도입이 민주주의의 질적 진화라고 본다면, 그 공은 상당 부분 새누리당의 몫이다. "민주주의를 만든 것은 정당이며, 정당 없는 민주주의는 생각할 수도 없다"는 샤츠슈나이더의 말이 생각나는 대목이다. 그 새누리당이 총리 후보자가 연거푸 낙마하자 인사청문회를 손보자고 한다. 자기부정이다. 그들이 내거는 명분은 이렇다. '황희 정승이라도 지금의 청문회를 통과할 수 없다.' 어떤 사람은 부처님도 어렵다고 한다. 궁색한 논리다. 그런 분들에게 이런 말을 해드리고 싶다. '지금의 인사 검증이라면 이완용도 문제없이 통과한다.'

인사청문회는 대통령제를 채택하고 있는 나라의 특유한 제도다. 사실 대통령제란 명칭은 이름에서 대통령을 앞세우다 보니 제도의 시스템 특성을 온전하게 담아내지 못한다. 대통령제는 삼권분립, 그중에서도 특히 입법부와 행정부 간의 견제와 균형check and balance을 특성으로 한다. 대통령과 국회의원이 모두 선거로 선출되었으니 양자 간의 정통성이 경쟁할 수밖에 없다.

문제는 견제와 균형이 갈등과 대립으로 악화될 수 있다는 점이다. 미국에서 간간이 발생하는 행정부 잠정 폐쇄shutdown가 좋은 예다. 대통령과 의회 다수당의 당적이 서로 다를 때 가끔 이런 유의 심각한 대립이 발생한다. 대통령제하에서 입법부가 행정부를 견제할 수 있는 대표적 수단이 바로 인사청문회다. 미국에서 인사청문회의 근거는 헌법에 정해져 있다. 연방헌법 제2장 제2조 제2항은 대통령으로 하여금 인사청문회의 대상이 되는 공직자를 '상원의 조언과 동의advice and consent'를 얻어 임명하도록 규정하고 있다. 상원의 인준을 받아서 대통령이 임명해야 하는 직위Positions subject to presidential Appointment with Senate confirmation, PAS는 2012년을 기준으로 1,217개다. 물론 이들 모두에 대해 인사청문회를 실시하는 것은 아니다. 절반 정도가 인사청문회를 생략한다.

인사청문회는 대통령제하에서 권한이 막강한 대통령이 권력을 사유화하지 못하도록 하는 장치다. 대통령제는 언제든지 권력의 사유화 또는 위임 민주주의의 위험 요인을 갖고 있기 때문이다. 그런데 대통령제가 아닌데 인사청문회를 실시하는 나라도 있다. 영국은 의원내각제를 채택하고 있는 나라다. 그런데도 영국은 2008년부터 사전인사청문회pre-appointment hearing를 시행하고 있다. 이 제도는 2007년 노동당의 고든 브라운Gordon Brown 총리의 제안으로 도입되었다. 인사 청문 대상 직위는 내각cabinet이 하원 협의위원회Liaison Committee와 상의해 정하는데, 장관은 대상이 아니다. 2013년 11월을 기준으로 인사 청문 대상 직위는 16개 부처의 60여 개에 이른다고 한다. 영국 인사청문회의 특징은 인사 청문 결과가 임명 여부에 영향을 끼치지 못한다는 사실이다. 그렇지만 의원내각제의 나라에서 인사청문회 제도를 도입한 것을 보면, 역시 인사가 정부 운영에 결정적 요인이라는 점, 인사 성패는 누가 임명되느냐보다 그 과정에서 신뢰를 얼마나 얻느냐에 달려 있다는 점 등을 알 수 있다.

다른 나라의 이런 예를 고려하면, 인사 난맥상이 인사청문회라는 제도 때문이라는 지적은 방향이 틀린 문제 제기다. 사실에 부합하지도 않는다. 인사 과정은 추천-검증-평의-청문-임명(청와대가 해당 자리에 적절한 인사를 추천 받거나 발굴한 인사를 검증해 대통령이 지명하면, 언론과 여론에 의한 평가와 논의가 이루어진 다음, 국회 청문 절차를 거쳐 대통령이 임명하는 과정)의 5단계를 거치는데, 행정부가 전적으로 책임져야 하는 검증이 엉성한 탓에 부적격한 인물이 후보로 제시된 것이 문제이지 인사 청문 절차가 까다로워서는 아니다. 한국의 인사 청문 절차는 미국에 비해 엄격하기보다는 훨씬 느슨하다. 인사 실패가 반복되는 것은 임명권자, 즉 대통령의 잘못된 인식과 그에 따른 부실한 검증 시스템 때문이다. 결국 인사 실패는 제도 때문이 아니라 대통령의 리더십 부재 때문이라는 말이다.

인사 실패의 화근은 대통령

아무리 법적 권한이 넘치게 많은 대통령이라도 혼자서 통치할 수는 없다. 플라톤이 말한 철인 왕이 현신現身한다고 할지라도, 지금처럼 복잡하고 다기多岐한 사회를 혼자서 이끌어갈 수는 없다. 때문에 나라를 이끌어가는 지도자의 곁에 누가 서 있는지가 중요하다. 그래서 인사가 만사萬事라는 말도 하게 된다. 어떤 사람을 참모로 두느냐의 문제가 얼마나 중요한지에 대해서는 니콜로 마키아벨리Niccoló Machiavelli의 지적이 강렬하다. "군주가 측근 신하를 선택하는 일은 그 중요성에 있어서 작은 문제가 아니다. 이는 군주의 실천적 이성이 어떠하느냐에 따라 좋은 선택이 될 수도 있고, 나쁜 선택이 될 수도 있다. 어떤 한 통치자의 두뇌 능력에 대해 사람들이 갖게 되는 첫 번째 평가는 그의 주위에 있는 사람들을 살펴봄으로써 이루어진다. 그들이 유능하고 충성스러우면 통치자는 늘 분별력이 있다는 평가를 받을 수 있다. 자기 측근 신하들의 능력을 식별할 줄 알고, 그들의 충성심을 유지시킬 줄 아는 것으로 평가되기 때문이다. 그러나 그렇지 않은 경우에는 측근 신하들을 선택하는 첫 번째 일부터 실수를 범하는 것이기 때문에 군주는 형편없는 평가를 받게 마련이다."

(『군주론』)

　　최근의 인사 실패는 현재의 기준과 과거의 관행이 충돌함에 따른 불가피한 결과라는 해석이 있다. 과연 그럴까? 백락일고伯樂一顧라는 고사성어를 떠올려보는 것만으로도 이 논리의 허구성을 깰 수 있다. 백락일고는 이런 이야기다. 명마名馬를 가진 사나이가 어느 날 최고의 말 감정사인 백락伯樂을 찾아와서 말했다. "제게 좋은 말 한 필이 있습니다. 이 말을 팔려고 아침마다 저자에 나갔으나 누구도 사려 하지 않습니다. 죄송하오니 한 번 오셔서 가치를 정해주실 수 없겠습니까? 사례는 후히 하겠습니다." 백락이 저잣거리에 나가 그 말의 이곳저곳을 만져보면서 감탄하며 말의 주위를 오락가락했다. 그러다가 돌아갈 무렵에는 아까워하는 표정으로 뒤돌아보았다—顧. 이 모습을 본 사람들이 그 말을 사려고 다툰 탓에 말은 매우 비싼 값으로 팔렸다. 명마도 백락을 만나야 세상에 알려지듯 재능이 있는 인재도 그를 알아보는 사람을 만나야 빛을 발한다는 이야기다. 어느 시대든 인재는 있기 마련이다. 단지 그를 알아보는 사람 또는 찾아보려는 의지가 없을 뿐이다.

인사 실패의 책임은 대통령 탓이다. 대통령이 특정 인물에 호의를 드러내면 검증 라인에서 제대로 검증하기란 쉽지 않다. 아래로부터의 추천 인사가 아니라 위로부터의 하명 인사에 길들여지면 나쁜 흠도 어떻게 해서든 좋은 쪽으로 생각하기 마련이다. 천주교에서는 성인을 추대할 때 악마의 대리인devil's advocate을 둔다. 반대 논리를 충분히 검토하기 위해서다. 이처럼 후보자의 부족한 부분과 잘못된 측면을 집요하게 짚어내고 까칠하게 따지는 게 모든 인사 검증의 필수다. 그러나 대통령의 하명 인사는 그렇게 하기 어렵다. 무릇 보고 싶은 것만 보는 것이 인지상정인데, 하물며 그런 방향으로 밀어가는 '윗분의 뜻'이 있다면 뻔한 것도 못 보기 마련이다.

이 대목에서 마키아벨리의 충고를 되새길 필요가 있다. "어떤 군주가 현명하다는 명성을 갖게 되는 것은 그 자신의 자질 때문이 아니라 주변의 훌륭한 조언자들 때문이라고 많은 사람들이 생각하는데, 내가 보기에 이런 믿음은 의심의 여지없이 잘못된 것이다. 군주가 현명하지 못하다면 결코 좋은 조언을 받지 못한다는 것, 이것이야말로 보편적 법칙이라고 할 만큼 틀림없는 일이기 때문이다.……좋은 조언이란 어느 누구에 의한 것이든 근본적으로 군주의 실천적 이성에서 나오는 것이지, 좋은 조언에서 군주의 실천적 이성이 생겨나는 것은 아니다."(『군주론』)

멀쩡한 사람도 입에 발린 소리를 하게 되는 게 권력의 생리다. 아무리 신임이 깊은 참모라도 주저 없이 '그건 안 됩니다' 또는 '그 생각에는 동의할 수 없습니다'라고 말하기 어렵다. 높은 자리에 앉으면 칭찬에 익숙해지고, 아부에 길들여지기 때문이다. 그런데 '아니오'라고 말하는 참모가 없으면 아무리 현명한 리더라고 할지라도 오류를 범하기 마련이다. 프랭클린 루스벨트Franklin Roosevelt의 곁에는 'Mr. no man'이라는 별명의 루이 하우Louis Howe가 있었고, 당 태종에게는 위징魏徵이란 간언의 참모가 있었다. 아부가 아니라 좋은 충고가 넘치게 하는 방법은 간단하다. "당신 자신을 아첨에서 보호하는 유일한 방법은 당신에게 진실을 말해도 당신을 불쾌하게 만들지 않는다는 점을 사람들이 알게 되는 것이다."(『군주론』) 듣기 싫은 소리를 들어도 기분 나쁜 내색을 하지 않아야 진실을 말할 수 있다는 말이다.

이런 충고는 존 스튜어트 밀John Stuart Mill도 했다. "한 인간이 어떤 문제의 전체를 조금이라도 할 수 있는 유일한 방법은,

그 문제에 대해 다른 의견을 갖는 사람들의 의견을 되도록 많이 듣고", "자신의 의견을 타인의 그것과 대조해 잘못이 있으면 시정해 완성하는 지속적 습관이야말로, 그 의견을 실천할 때 회의하거나 주저하지 않고 자기 의견에 대해 올바른 신뢰를 갖게 하는 유일한 기초다". 요컨대, 다른 사람의 의견을 열심히 들어보는 것만이 자기 생각의 오류를 시정하는 유일한 방법이라는 의미다. 그래서 공자는 리더에게 이렇게 주문한다. "모든 사람이 좋아하더라도 반드시 살펴야 하며, 모든 사람이 미워하더라도 또 반드시 살펴야 한다衆惡之 必察焉 衆好之 必察焉."

그의 속내를 촌탁忖度하기는 어려우나 결과적으로 박근혜 대통령은 이런 충고를 무시하는 것 같다. 근거는 두 가지다. 하나는 한恨이다. 또 하나는 비선 조직이다. 마침 박관용 전 국회의장이 인터뷰를 통해 이런 점을 정확하게 짚었다. "박 대통령 인사는 '저 사람은 믿을 수 있는 사람인가, 배신하지 않을 사람인가'에서 시작된다. 그의 아버지는 최측근에게 총을 맞았다. 퍼스트레이디 역할을 할 때 가까이서 자신을 모셨던 사람들도 나중에는 싸늘하게 등을 돌렸다. 심지어 아버지 추모식조차 제대로 못했다. 가슴에 깊은 한이 맺혀 있다. 그것이 '수첩인사'로 나타난다. 박 대통령이 사심을 갖고 인사를 하는 것은 분명 아니라고 본다. 그러나 내가 믿는 사람, 아는 사람만 찾는 경향이 있다.……
7인회*는 언론이 만든 용어일 뿐이다. 사실 아무 역할도 안 한
다. 내부적으로 박 대통령이 가깝게 의논하는 사람들은 따로 있
다. (그러나) 구체적으로 말하긴 좀 그렇다. 공식 채널이 아닌 소
규모 비선 라인을 통해 상당히 얘기를 많이 듣고 있는 것으로 알
고 있다."** 이 말에 따르면, 한을 품고, 비선 조직에 의존해 하
명 인사를 하는 것, 이것이 바로 박근혜 대통령이 저지르는 인사
실패의 근본 원인이다. 결국 화근禍根은 대통령 자신인 셈이다.

대통령과 의회의 피할 수 없는 경쟁

거듭 강조하건대, 대통령제라는 권력 구조는 삼권분립을 기초
로 하는 체제이기 때문에 부득불 대통령과 의회 간의 대립이 야
기된다. 피할 수 없는 숙제다. 여기에 정당의 역할이 있다. 대통
령이 속한 정당, 즉 여당이 입법부와 행정부 간의 대립을 완충하
는 역할을 해야 한다. 이 경우에도 난점은 있다. 대통령과 여당
간의 관계 설정이다. 대통령이 절대 우위에 서서 여당을 좌지우

●7인회는 강창희 전 국회의장, 현경대 민주평화통일자문회의 수석부의장, 김용환 새
누리당 상임고문, 최병렬 전 새누리당 대표, 안병훈 기파랑 대표, 김용갑 전 의원, 김
기춘 전 비서실장 등을 말한다. 모두 박정희 전 대통령과 인연을 맺었고, 박근혜 대
통령을 오랫동안 자문해온 것으로 알려졌다.
●●배명복, 「박 대통령과 가깝게 의논하는 비선 라인 따로 있다」, 『중앙일보』, 2014년
6월 25일.

지하면 여당은 대중적 뿌리를 갖는 책임 정당이 아니라 대통령의 뜻을 받드는 위성 정당이나 거수기로 전락하고 만다. 정당이 권력의 모태이기는 하지만 그렇다고 해서 여당이 대통령보다 우위에 서는 것도 사실상 무리다. 따라서 현실에서 여당이 다수당일 경우에는 대통령(행정부)을 견제하는 의회의 역할이 무력화되기 일쑤이고, 야당이 다수당일 경우에는 행정부와 입법부 간의 대립으로 헌정憲政의 작동이 중단되기도 한다. 미국에서는 당정 관계에서 당이 우위에 서야 한다는 책임 정당responsible party 론이 밀리고, 당보다 국회의원 개개인의 자율성을 높이는 방식으로 입법부와 행정부 간 대립을 완충·중재하고자 했다. 그럼에도 입법부와 행정부 간의 충돌이 계속 일어나고 있다. 결국 대통령제 아래서 발생하는 입법부와 행정부 간의 제도적 대립과 교착은 태생적 결함이라고 하겠다.

대통령제의 성공은 당연하게도 대통령에게 달려 있다. 권력 자원을 상대적으로 독과점하고 있을 뿐만 아니라 미디어 정치에서 압도적 우위를 갖는 대통령이 의회를 존중하고, 타협을 선택할 때만 대통령제는 온전하게 작동된다. 물론 지금의 미국이나 한국처럼 정치적 양극화political polarization 때문에 대통령의 타협 제안도 공허한 메아리로 끝날 수 있다. 그렇지만 여당이 의회 다수당이라면 대통령이 어떻게 하느냐에 따라 얼마든지 입법부, 특히 야당의 동의를 끌어낼 수 있다. 박근혜 대통령처럼 의회의 권능을 무시하고, 일방적으로 밀어붙인다면 입법부와 행정부 간의 갈등은 상시화될 수밖에 없다. 인사청문회의 제도적 취지는 선거로 선출된 입법부의 정통성을 인정하고, 그의 견제나 조언을 제도적으로 인정하는 데 있다. 그렇다면 입법부의 간섭과 시비를 싫어도 인정해야지 성가신 절차로 생각하는 것은 잘못이다. 우리 헌정의 제도 디자인에 대한 무지이거나 거부와 다름없다.

현대 정치이론에서는 대통령에 선출되었다고 해서 마음대로 하라고 하지 않는다. 이런 점에서 영국 주간지 『이코노미스트』의 주장은 타당하다. "투표가 가장 민주적 권리이기는 하지만 그것만이 유일한 것은 아니다. 선거에서 이겼다고 해서 리더에게 권력에 대한 모든 제한을 면하도록 허가해주는 건 아니다. 터키의 에르도안처럼 다수의 지지를 받았으니 모든 것을 해도 된다는 것은 일종의 좀비 민주주의zombie democracy와 다름없다." 좀비 민주주의는 영혼 없는, 민주주의의 내용을 채우지 못하는 껍데기 민주주의를 말한다.

대통령제는 대통령의 주도성을 인정하는 제도다. 그러나

그 주도성이 의회를 무시하거나 경시하는 주도성을 뜻하지는 않는다. 2014년 2월에 타계한 대정치학자 로버트 달Robert Dahl 이 말하는 것처럼 대통령 선거에서 이겼다고 모든 것이 그에게 위임mandate되는 게 아니다. 오히려 삼권 간에 균형을 유지하지 못하는 대통령제는 선출된 독재나 선출된 권위주의일 뿐이다. 이런 점에서 대통령제는 강한 의회를 전제로 성립되는 체제라 하겠다. 그래야 대중의 이해와 요구에 민감하게 반응할 수 있기 때문이다. 그런데 한국은 대통령의 민주적 책임성이나 반응성을 제약하는 요인이 적지 않다. 분단 체제라는 점은 논외로 하더라도 다양한 요인이 있다. 우선 단임제의 한계다. 임기 5년을 끝으로 다음 선거에 나설 수 없으니 대통령에게는 여론에 둔감할 수 있는 면역성이 생성되기 쉽다. 흔히 인기가 떨어진 대통령이 역사와의 대화 운운하는 것이나 지지율에 일희일비하지 않는다는 말이 이런 면역성을 대변한다. 물론 임기 후를 고려하면 정권 재창출을 선호하겠지만, 미국의 대통령처럼 자신이 재선에 나서는 경우에 비하면 그렇게 절실하지 않다.

대통령의 반응성을 떨어뜨리는 또 다른 요인은 지역주의다. 지역주의 때문에 어지간한 잘못에 대한 책임 추궁은 막히기 일쑤다. 박근혜 대통령도 인구수가 많은 영남 지역의 강한 지지 때문에 버틴다고 해도 과언이 아닐 정도로 지역주의 구도의 수혜를 톡톡히 보고 있다. 정치권 분위기에 영향을 끼치는 국회의원들도 지역주의에 포획될 수밖에 없다. 국회의원의 신앙은 재선인데, 그 재선 때문에라도 지역주의에 포획되지 않을 수 없다. 극성을 부리는 진영 논리도 문제다. 여야 간에 거의 모든 현안에서 양극화된 대결을 펼치다 보니 여야를 막론하고 특정 정당을 약하게 지지하는 온건 성향의 유권자들이나 무당파의 목소리가 줄어들 수밖에 없다. 편이 선명하게 갈려 있으니 같은 진영의 잘못을 지적하는 것은 이적 행위나 배신으로 간주되기 십상이다. 끝으로는 정치 불신이다. 여론조사를 해보면 의회에 대한 신뢰도는 바닥이다 못해 거의 막장으로 추락한 상태다. 정당과 의회가 자초한 측면도 있지만 언론에 의해 끊임없이 강조된 측면도 있다. 아무튼 의회에 대한 불신은 심각한 수준이다. 때문에 의회에 대중적 지지가 높은 차기 리더가 존재하지 않는다면, 대통령은 의회에 비해 상당히 안정적인 우위를 누리게 된다.

타협이 답이다

'제왕적'이라는 수식어가 붙을 정도로 한국의 대통령은 권한이 막강하다. 인사나 정책 등 한 나라의 자원 배분과 관련해 거의 전권을 가졌다고 해도 과언이 아니다. 보수 성향의 대통령이라면 그를 엄호하는 진지들도 매우 튼실하다. 하지만 한국의 대통령은 강하지 않다. 권력기관을 통제할 수 있는 권한은 갖고 있으나 사회적 통제력은 그에 비하면 대단히 약하다. 시장 또는 경제 권력을 제어할 수 있는 수단은 사정권 외에 거의 없다시피 하다. 지역주의나 언론의 도움도 튼튼한 방벽이 되지 못한다. 박정희 모델이 갖는 부정적 효과 중에 하나는, 대통령이라면 손에 잡히는 성과를 만들어내야 한다는 부담이다. 박정희 대통령이 18년에 한 것을 지금의 대통령들은 5년 만에 해내야 한다. 야당의 강한 반대 때문에 대통령이 일방적으로 밀어붙일 수도 없으니 단기적 성과의 부담은 대통령의 인기 하락으로 이어진다. 거의 매주 단위로 여론조사가 발표되는 상황임을 감안하면, 지지율은 대통령을 지탱하는 기축機軸이라고 해도 과언이 아니다. 대중의 지지를 잃은 대통령, 비유하자면 레임덕lame duck을 넘어 데드덕dead duck 대통령이라 부를 수 있을 정도로 무기력할 수밖에 없다.

그렇다면 어떻게 해야 하나? 보수를 표방하든 진보를 신봉하든 그 어떤 대통령도 대통령의 직위에 있다는 이유만으로 강력한 위상을 안정적으로 누릴 수 없다. 대통령제라는 제도는 대

이철희의 정치 썰전

통령직의 불안정성을 내장하고 있다. 대통령의 자리는 일종의 외강내유라 할 수 있다. 따라서 대통령이 지향해야 할 길은 명료하다. 선거로 선출된 의회를 존중하는 것이다. 이는 현실적으로 야당과 소통하는 형태로 나타난다. 다른 길이 없다. 의회도 유권자들의 직접 선거로 구성되기 때문에 대통령이 이를 존중해야 한다. 현실의 여건도 그렇다. 지난 2012년 대선에서 보듯 어느 한쪽이 압도적 우위를 누리지 못하고 있는 역학 구도, 국회선진화법으로 의회에서 야당이 누리는 정치적 비토권 등을 감안하면 대통령은 야당과 타협하지 않을 수 없다. 현재의 정치 구도상 야당은 그 의석수에 상관없이 대통령을 흥하게 할 힘을 갖지 못해도 망하게 할 수는 있다. 이러한 '불편한 현실'을 대통령이 인정해야 한다.

인사청문회에서 낙마하는 사례가 생겨나는 까닭도 대통령이 야당과 대립하기 때문이다. 진영 논리로 첨예하게 맞서고 있기 때문에 대통령에게서 일정한 양보를 얻지 못하는 야당이라면 가장 인화성이 강하고 다루기 쉬운 타깃인 인사 이슈에서 격렬한 공세를 펼치는 것은 필연적 수순이다. 대통령이 승자 독식이 아니라 야당에 일정한 지분을 나누어준다면, 즉 타협 기조를 유지한다면 인사 이슈에서 야당의 공세도 약화되기 마련이다.

대통령이 의회를 우회해 대중과 직접 소통하는 정치 방식을 '고잉 퍼블릭going public(대중 호소)'이라고 한다. 대통령이 되면 빠지는 고질병 중 하나다. 대개 실패하나 조건을 잘 갖추면 간혹 성공하기도 한다. 대통령이 높은 지지율을 유지하는 게 관건이다. 여기서 유의할 점은 그 효과가 단기적이란 사실이다. 따라서 대안은 의회, 즉 야당과 타협하는 것이다. 야당을 어루만지는 것, 즉 '페팅 오퍼지션petting opposition'이 답이라는 말이다.

2014년 6·4 지방선거가 세월호 참사에 대한 정부의 부실 대응 때문에 '카트리나 모멘트'가 될 것이란 전망이 있었지만, 박근혜 대통령은 선거 위기를 잘 극복해냈다. 그러나 그 후의 인사 실패로 인해 또 깊고 넓은 위기를 자초하고 있다. 여론조사에서 나타난 대통령 지지율 추이를 보면 세월호 참사보다 뒤이은 인사 실패 때문에 떨어진 지지율 낙폭이 크다. 이 위기를 극복할지 아니면 무너질지는 전적으로 박근혜 대통령의 선택에 달려 있다. 타협하면 성공하고, 독점하면 실패한다. 이것은 대통령제의 태생적 한계이기도 하지만, 어떤 제도하에서든 피할 수 없는 정치의 숙명이다.

새누리당에
닥쳐올
위기와 파국의
가능성

마이웨이 대통령은 여당에 재앙이다

한국에서 여당의 지위는 좋을 게 없다. 심지어 재앙이라고 해도 과언이 아니다. 정당 민주화의 차원에서 대통령이 당의 총재나 대표직을 내놓았지만, 그에 준하는 장악력을 발휘하고 있는 건 부정할 수 없는 사실이다. 여당을 이끄는 주인은 당 대표가 아니라 대통령이다. 여당이 대통령과 따로 갈 수 없는, 더 정직하게는 대통령을 보필하는 역할에 충실해야 하는 것은 피하기 어려운 구조적 문제다. 이 때문에 언제나 여당은 곤혹스러운 처지에 빠진다.

사실 우리의 헌정 체제는 입법부와 행정부 간의 갈등을 전제로 하고 있다. 행정권을 장악하고 있는 대통령이라도 입법권에 영향을 끼치지 못하면 사실상 반半통령에 불과할 수밖에 없다. 대통령제의 전형인 미국도 입법부와 행정부 간 갈등에서 자유롭지 못하다. 서로 다른 정당이 입법부와 행정부를 각기 장악할 경우 분점 정부라는 이름하에 첨예한 갈등이 적나라하게 표출된다. 행정부의 일부가 잠정 폐쇄shutdown되는 경우가 단적인 예다. 미국은 입법부와 행정부 간 대립 때문에 생기는 교착상태를 고려해 대통령에게 행정명령권을 부여하고 있다. 정책이란 게 입법화되지 않으면 아무런 의미가 없다. 그런 점에서 행정명령권은 일종의 우회 입법권이라 할 수 있다.

한국의 대통령에게는 이런 행정명령권이 없다. 대신 법안제출권이 있다. 그런데 이 법안제출권도 국회에서 법을 통과시켜주지 않으면 아무런 의미가 없다. 이른바 국회선진화법으로 인해 과거처럼 다수 여당이 필요할 때 힘으로 법안을 통과시킬 수도 없다. 이렇게 놓고 보면 대통령의 힘은 제왕적 대통령제란 말이 무색할 정도로 허약하다. 이런 구조적 약세를 일거에 반전시키는 것이 바로 여당에 대한 대통령의 지배다. 여당의 실질적 주인으로서 의회 운영에 오너십을 발휘할 수 있을 때 비로소 대통령은 제왕적 권력자가 된다.

대통령제의 제도 결함, 즉 입법부와 행정부 간 갈등과 대립으로 인한 기능 마비의 부담을 여당이 고스란히 떠안아야 하는 점 때문에 여당은 숙명적으로 대통령에게 끌려다닐 수밖에 없다. 여당이 대통령의 뜻에 반해 의회 다수당으로서 입법권을 행사할 경우 여권 내 갈등은 불가피하고, 이는 곧바로 여론의 질타를 받게 된다. 여권의 내부 혼란과 분열은 선거에 치명적인 악영향을 미치게 되는데, 이는 정당으로서 수용하기 어려운 손실이다. 울며 겨자 먹기로 여당이 대통령의 뜻을 좇게 되면 당의 자율성은 사라지고, 그 결과 여론과의 괴리는 점차 커진다.

누구든 대체로 대통령이 되면, 제도 인센티브에 따라 자신이 모든 국민을 대표하는 호민관 마인드를 갖게 된다. 선거에서 이겼으니 자신이 옳다는 자신감을 갖는 것도 인지상정이다. 선거에서 약속한 공약도 있으니 할 일은 많고 시간은 부족하다. 딱 '일모도원'이라 '도행역시'할 수밖에 없다吾日暮途遠 吾故倒行而逆施 之(이미 날은 저물고 갈 길은 머니 도리에 어긋나는 줄 알지만 순리에 거스르는 일을 할 수밖에 없다)는 오자서의 말이 생각난다. 게다가 대통령의 리더십이 권위적이라면 상황은 더더욱 악화되기 마련이다. 선거에 임해야 하는 정당으로서는 민심을 따라야 하는데, 선거에 다시 출마할 부담이 없는 대통령은 계속 마이웨이my way를 고집하니 여당으로서는 참으로 곤혹스럽기 그지없다. 이런 구도는 정당의 관점에서 여당에 재앙이라고 해도 과언이 아니다.

당을 살리는 '새로운 후보'의 존재

정치학자들의 분석에 따르면 대통령의 인기는 경향적으로 하락하는 게 거의 필연적 수순이라고 한다. 공약을 100퍼센트 지키기도 어렵지만, 처음의 기대와 열정이 변화하는 시간 속에서 식어가는 '세속화secularization' 과정을 거치기 때문이다. 대통령의 인기가 떨어지는 시점에 치러지는 황혼선거가 여당에 매우 불리한 것도 이 때문이다. 이런 상황이 도래하면 대개 대통령은 탈당을 통해 여당의 부담을 덜어주는 선택을 한다. 이명박 대통령은 예외다. 그는 인기가 바닥이었으나 새누리당을 탈당하지 않았다. 새누리당의 박근혜 대선 후보도 탈당을 요구하지 않았다.

지난 2012년 대선에서 현직 대통령의 인기가 낮았지만, 탈당하지 않은 것은 두 가지 측면에서 이해할 수 있다. 하나는 여당 후보의 독특한 위상이다. 이명박 정부 시절 박근혜는 이명박 대통령과 한 몸으로 인식되지 않았다. 2007년 당내 경선에서 치열하게 맞붙었고, 이명박 대통령이 밀어붙인 세종시 수정을 놓고서 대립한 바가 있다. 당시 야당이 '이명박근혜'라는 네이밍으로 공격했으나 잘 먹히지 않았던 것도 이 때문이다. 당시 일반적으로 거론되던 반MB 정서에서 자유로운 탓에 굳이 대통령의 탈당을 요구해, 그것을 쟁점화할 필요가 없었던 것이다.

또 하나는 2012년 12월 대선 전에 있었던 총선의 영향이다. 2011년 10월의 재·보궐 선거에서 새누리당은 사실상 패배했다. 서울시장 선거를 제외한 다른 선거에서는 승리했으나 워낙 상징성이 큰 서울시장 선거에서 졌으니 패배라는 평가가 당시 여론이었다. 그 뒤 박근혜가 비상대책위원장으로 등장해 당명을 바꾸는 등 대대적인 혁신을 추진했다. 그 결과, 많은 예상을 뒤엎고 총선에서 승리할 수 있었다. 이명박 대통령을 따르던 한나라당이 박근혜 정당인 새누리당으로 탈바꿈했고, 또 '이명박근혜'라는 야당의 공세 속에서도 총선에서 승리했다는 사실은 대통령의 탈당이 불필요해졌다는 점을 확인시켜주는 것이었다.

2012년의 총선과 대선에서 여당이 현직 대통령의 낮은 인기로 인한 부담 때문에 무너지지 않은 것은 박근혜란 정치인의 존재 때문이다. 현직 대통령과 차별화되는, 독자적인 지지 기반을 가진 박근혜란 정치인이 없었더라면 당시 여당인 새누리당은 심각한 패배를 겪었을 것이다. 2007년 대선에서 반反노무현 정서 때문에 당시 여당이 얼마나 엄청난 패배를 당했는지가 좋은 예다. 압도적 보수 우위의 정치 지형 속에서도 여당의 이회창 후보가 1997년 대선에서 패배한 것 역시 같은 맥락에서 이해할 수 있다.

2002년 노무현 후보의 승리는 다른 경우다. 노무현 후보는 김대중 대통령이 만들어낸 후보도 아니었고, 여당인 민주당의 주류 후보도 아니었다. 노무현은 'DJ 리스크'에서 자유로웠고, 민주당에서 당직을 두루 거치면서 성장한 인물이 아니었다. 당시 대통령의 측근 그룹인 동교동계는 이인제 후보를 밀었다. 게다가 노무현 후보는 DJ와 지역주의에 맞서 탈당한 전력까지 있었다. 2012년의 박근혜 후보처럼, 2002년의 노무현 후보도 현직 대통령과는 다른 정체성을 갖는 인물로 비쳐졌다. 또, 노무현은 당시 국민의 열광적 참여를 이끌어낸 국민경선제를 통해 깜짝 후보가 되었기 때문에 새로움이 부각되었다.

대통령과 대립각을 세울 후보가 없다

그렇다면 지금 새누리당은 어떤가? 단언컨대, 2002년의 노무현, 2012년의 박근혜와 같은 정치인이나 대선 후보가 없다. 물론 대선이 앞으로 3년 정도 남아 있으니 그런 인물이 등장하지 말라는 법은 없다. 그러나 큰 인물이 일조일석—朝—夕에 갑자기 등장하는 일은 상상하기 힘들다. 또 그런 인물이 성공하기도 쉽지 않다. 그뿐인가, 집권 3년 차에 들어가는 박근혜 대통령의 여당 장악력이 갈수록 강해지고 있다. 2014년의 세월호 참사로 인한 위기를 정치적으로 잘 넘긴 탓에 그의 의지도 더 단단해지고 있는 것으로 보인다.

현재 여권을 움직이는 인사 편제는 그야말로 박근혜 대통령 친정 체제다. 비서실은 '문고리 3인방'과 비서실장이 장악하고, 내각은 최경환 경제부총리와 황우여 교육부총리가 관장하고 있다. 당의 이완구 원내대표는 잊힌 용어인 '각하'라는 말을 내뱉을 정도로 충성도가 높은 인물이고(현재 국무총리는 황교안), 원내 운영의 실무를 맡고 있는 김재원 원내수석부대표 역시 대통령의 뜻을 충실히 따르는 인물이다(현재 원내수석부대표는 조원진). 최고위원회도 서청원 의원을 필두로 친박의 위세가 거세다.

김무성 대표로서는 가히 옴짝달싹하기 어려운 포위 구도다. 실제로 김무성 대표는 개헌 발언에 대한 사과를 기점으로 완전히 약세를 보이면서 독자적인 리더십 행사를 못하고 있다.

2015년은 선거가 없는 해다. 물론 4월 29일에 4개 지역에서 국회의원 재·보궐 선거가 있으나 큰 의미를 갖기는 어렵다(새누리당 후보 안상수[인천 서강화을], 새누리당 후보 신상진[경기도 성남 중원], 새누리당 후보 오신환[서울 관악을], 무소속 후보 천정배[광주 서을]가 각각 당선되었다). 워낙 특정 정당에 유리한 선거구이기 때문이다. 사실상의 선거 부담이 없다는 것은 박근혜 대통령에게 유리한 점이다. 선거 때문에 노심초사하지 않아도 되는 것도 그렇지만, 무엇보다 선거 결과에 흔들리지 않으면 다음 총선에서 공천 개입 등의 영향력을 발휘할 수 있기 때문이다. 반면에 김무성 대표에게 2015년은 간단치 않다. 큰 선거가 없으니 부담은 덜하지만 국회의원 재·보궐 선거에서 전패하게 된다면 친박에게 공세의 빌미를 줄 수도 있다. 워낙 불리한 선거구이니 지더라도 퇴진까지 내몰리진 않겠지만, 어쨌든 패배하면 운신의 폭이 상당히 줄어들 수밖에 없다. 더 중요한 점은, 선거가 없으니 대통령이 여론을 의식하지 않은 채 밀어붙일 가능성이 크다는 점이다. 대통령을 보필하는 데 집중하다 보면 소위 '김무성 어젠다'는 등장하기 어려워지고, 그의 리더십도 부각되기 어렵다. 이런 구도에서는 김무성 대표가 유력 대권 주자로 자연스럽게 성장하기 어렵다.

방법은 있다. 대통령에 맞서는 것이다. 경험적으로 보건대, 대통령의 구심력에서 벗어나 독자성을 갖지 못한 정치인은 유력한 대선 후보가 되지 못한다. 김무성 대표가 대통령이 되겠다고 한다면, 현직 대통령은 그에게 부담이다. 대통령이 눈에 보이지 않게 도와줄 수는 있지만, 그의 도움으로 후보직에 오르거나 대통령이 되겠다고 한다면 그것은 난센스다. 이것은 불가능하다. 따라서 대통령이 양해하든 안 하든 김무성 대표로서는 대통령과 맞서면서 성장하는 과정을 피할 수는 없다. 그럴 생각이 없다면 원만하게 대표직을 수행할 수 있을지는 몰라도 대통령 후보가 되기는 어려울 것이다.

김무성 대표에게 과연 그럴 만한 의지가 있을까? 어떤 이가 프랑스 드골de Gaulle 대통령의 정치에 대해 '의지 있는 자의 기술'이라고 했다. 그에 빗대면, 누구라도 새로운 시대를 열고자 열망한다면 현재와 맞서는 용기를 보여주어야 한다. 김무성 대표의 정치 역정을 볼 때, 그는 대중 정치로 성장하지 않았다. 자신이 속한 내부 정치에서 차근차근 위상을 키웠다. 조직 정치로 성장했다는 말이다. 이런 정치인에게는 과감하게 도전하고, 거칠게 밀어붙이는 대중정치성이 부족하다. 이런 결기는 어느 날 갑자기 생기지 않는다.

김무성 대표에게는 또 다른 단점이 있다. 김무성 대표는 정책보다는 정치에서 두각을 나타냈다. 눈에 띄는 자신만의 어젠다가 없다. 일부 있다손 치더라도 보수성이 지나치게 강하다. 이런 보수성으로 대선 주자에게 필요한 폭넓은 지지 기반을 구축할 수 있을지 의문이다. 문제는 여기서 그치지 않는다. 더 크게는, 보수성이나 보수 어젠다로는 박근혜 대통령과 차별화하기 어렵다는 점에 주목해야 한다. 대통령의 지지율에서 보이듯 보수는 굳건하게 박근혜 대통령을 지지하고 있다. 박근혜 대통령도 그런 기대에 벗어나는 행보를 극도로 자제한다. 보수의 상징이자 구심인 박근혜 대통령에게 보수성이나 보수 어젠다로 맞붙을 수는 없다. 김무성 대표로서는 이래저래 쉽지 않은 상황이 지속될 것이다.

박근혜 대통령의 치명적 약점은 경제다. 미국 경제가 살아나고 있다지만 여러 변수를 종합할 때 경제, 특히 서민 경제가 실생활에서 보통 사람들이 체감할 수 있을 정도로 좋아지기는 어려울 듯하다. 경제 상황은 정치나 선거의 펀더멘털fundamental에 해당한다. 그 때문에 경제가 좋아지지 않으면 여론이 나빠질 수밖에 없다. 경제를 주제로 해서 대권 주자가 현직 대통령의 약점을 파고들 수 있으려면, 경제에 어느 정도 식견을 갖고 있거나 갖고 있는 것으로 인식되어야 한다. 김무성 대표에겐 이런 이미지가 없다. 그러니 경제 문제에서 대통령과 대립각을 세우기도 난감하다. 이런 점에서 유승민 의원의 행보에 주목할 필요가 있다.

유승민 의원은 경제통이다. 한때 박근혜 대통령의 측근으로 활동했으며, 소신과 강단을 갖추고 있다. 출신 지역이 대구라 지역적 정통성도 갖고 있다. 2015년 5월로 예정되어 있으나, 이완구 대표의 신상에 변화가 생길 경우 앞당겨질 수 있는 원내대표 선거에서 그가 당선된다면 의미 있는 변수, 즉 다크호스의 등장이라 할 수 있다.● 대통령의 당 장악력은 떨어질 것이고, 그와 더불어 당의 자율성은 제고될 수 있다. 새누리당의 원내대표는 국회 운영과 입법 정치의 실권에서 당 대표를 능가한다. 당연직 최고위원이 되는 정책위의장과 러닝메이트로 출마하고, 대對야 협상 창구인 원내수석부대표도 임명할 수 있다. 원내대표가 마음만 먹으면 얼마든지 청와대와 각을 세울 수 있다.

이와 관련해, 박근혜 대통령이 이주영 해양수산부 장관의 사의를 수용한 것에는 상당한 함의가 있다. 이주영 전 장관은

● 실제로 이완구 대표는 2015년 1월 23일 국무총리 후보로 지명되어, 이틀 뒤인 25일 새누리당 원내대표직에서 공식 사퇴했다. 그는 이른바 성완종 리스트 파문으로 2015년 4월 20일 대통령에게 사의를 표명했고, 25일 이임식을 치르고 물러났다.

19대 국회 첫 번째 원내대표 선거에서 아깝게 낙선한 바 있고, 두 번째 선거를 앞두고 장관에 임명되었다. 친박인 이완구 의원을 원내대표로 추대하기 위한 인사로 해석되었다. 장관에 임명된 직후 세월호 참사를 겪어 주무장관으로서 절체절명의 위기에 빠졌으나 유가족과의 적극적인 소통과 헌신으로 이겨냈다. 그런 그를 다시 당으로 돌려보낸 것은 박근혜 대통령이 그를 원내대표로 삼기 위한 포석이라 할 수 있다. 이주영 의원이 유승민 의원을 꺾고 원내대표에 당선된다면, 당은 또다시 물샐 틈 없는 친박 체제로 운영되는 셈이다.●

친이 그룹은 야당과의 개헌 연대를 매개로 목소리를 높일 수 있겠지만, 4대강과 자원 외교 등의 이슈 때문에 마음껏 움직이기 어렵다. 다음 총선에서 공천 때문에라도 대통령과 전면적으로 대립하기 어렵다. 주목해볼 만한 그룹이 있긴 있다. 광역단체장으로 나가 있는 남경필 경기지사와 원희룡 제주지사, 당내의 소장개혁그룹이다. 당내에서 유력한 대권 주자가 부상하지 못할 경우 이들이 2017년을 향해 직접 뛸 수도 있다. 또는 이들이 당내 개혁그룹과 연대해 당내에서 보수 대 혁신의 대립 구도를 조성할 수도 있다. 하지만 리더가 없고, 사실상 당 밖의 단체장에 포진하고 있어서 세력으로 움직이기가 쉽지 않다. 그럼

● 2015년 2월 치러진 새누리당 원내대표 선거에서 유승민 의원이 이주영 의원을 제치고 당선되었다.

에도 친박 체제가 공고해질수록 이들이 반발할 가능성도 그만큼 커진다고 하겠다.

　이런저런 사정을 두루 고려할 때 새누리당 내부에서 대통령에 도전하는 동력이 만들어지기는 쉽지 않은 듯하다. 이명박 정부 시절의 박근혜와 같은 정치인의 존재는 애당초 없다. 그렇다면 2015년은 박근혜 대통령의 뜻과 힘이 당에 그대로 관철되는 구도가 될 것이다. 대통령의 의지는 충만하고, 지지율도 견고하다. 돌발 변수가 없다면 당의 자율성과 독자성은 지금보다 떨어지고, 구조화될 것이다. 그런데 이런 상태로 총선을 맞이한다면, 과연 새누리당은 어떤 전략으로 선거를 치르게 될까?

박근혜 치세에서 벗어나기

'박근혜 치세'가 2015년에도 이어진다면 새누리당은 총선을 치르기가 난감해진다. 새로운 얼굴이 없다. 혁신의 바람을 만들어내기도 어렵고, 경제민주화나 복지와 같은 정책 담론을 만들어내기도 쉽지 않다. 혁신은 친박이 막고 있다. 경제민주화나 복지 등은 반공 보수와 시장 보수의 강고한 동맹이 저지하고 있다. 박근혜 대통령이 이미 이들의 손을 들어주고 있는 형국이라, 새누리당이 주도권을 쥐고 이쪽으로 정책 터닝turning을 하기도 사실상 불가능하다. 이러다가는 부득불 또다시 '박근혜 선거'를 치를 수밖에 없을지도 모른다.

국회의원 선거에서는 보수가 진보에 비해 훨씬 유리하다. 선거구를 작게 쪼갤수록 복지와 같은 진보 어젠다보다는 개발 등의 보수 어젠다가 잘 먹힌다. 그럼에도 전체 판을 움직이는 요소를 만들어내지 못하면 보수로서도 어려운 싸움이 될 것이다. 2008년 총선에서 압승한 이유는 선거 타이밍election timing 때문이다. 대선 직후에 치러진 전형적인 신혼선거honeymoon election였기에 대선에서 승리한 새누리당이 유리할 수밖에 없었다는 뜻이다. 2012년 총선에서 승리한 이유는 박근혜 마케팅 덕분이었다.

2016년 총선에는 2012년 박근혜 같은 큰 인물이 없다. 2008년과 달리 황혼선거counter-honeymoon election다. 정책에서도 새롭고 섹시한 것을 꺼내놓기 어렵다. 그렇다면 여당이 으레 하던 대로 권역·지역구 차원의 구체적인 개발 공약을 매개로 선거를 치를 수밖에 없다. 이렇게 선거를 치르면 결국 박근혜 선거가 된다. 높지 않은 투표율을 감안하면, 보수 표를 결집시키기 위해 박근혜 마케팅을 하는 것 외에 다른 전략이 별로 없어 보인다. 야권이 김대중·노무현 전 대통령의 프레임에서 벗어나지 못한다면 더더욱 이 전략은 매력적이고 효과적인 선택이 될 수도 있다.

이렇게 해서 새누리당이 총선의 파고를 넘긴다고 하더라도, 대선은 이런 방식으로 치를 수 없다. 박근혜 선거로 치른 총선에서 승리한다면 새누리당은 그야말로 속수무책으로 대선에 임하게 될 가능성이 크다. 어쩌면 사상 처음으로 현직 대통령이 낙점하는 인물이 대통령 후보가 될 수도 있다. 이렇게 '만들어진' 후보가 얼마나 강한 후보가 될지는 미지수지만, 성패와 상관없이 친박은 당의 다수파로 남을 것이다. 선거에서 지더라도 친박이 당을 내용적으로 장악하는 구도는 퇴임하는 박근혜 대통령에게 '불감청고소원不敢請固所願(감히 청하지는 못하지만 마음속으로 간절히 바람)'이다. 총선 이후에 대통령이 개헌에 적극 나서는 시나리오도 생각해볼 수 있다. 박근혜 선거로 치른 총선에서 패배한다면 새누리당은 엄청난 혼란을 겪을 것이다. 대통령은 레임덕에 빠질 것이고, 당은 내분으로 인해 사분오열될 것이다.

흐름상 새누리당은 2016년 총선을 계기로 박근혜 요소에서 탈각해야 한다. 박근혜 당이 아니라 새로운 누군가의 정당으로 탈바꿈해야 한다. 아니면 적어도 박근혜 대통령에게서 독립한 모습으로 선거를 치러야 한다. 앞서 언급한 대로 박근혜 선거로 2016년 총선을 치를 경우 이기든 지든 당이 감당해야 할 폐해가 엄청나기 때문이다. 2007년 당시 여당이었던 민주당이 겪었던 극심한 내홍과 분열이 새누리당에 닥칠 수도 있다. 역설적으로 박근혜 대통령이 살아 있는 권력으로 움직이면 움직일수록 미래 권력의 가능성은 그만큼 줄어든다. 이는 여당에 주어지는 원죄라 할 수 있다. 이 천형에서 벗어나는 방법은 여당이 자율적인 책임 정당으로서 활력을 회복하는 것이고, 유력한 차기 지도자를 빨리 길러내는 것이다. 문제는 박근혜 대통령이라는 벽이다.

사실 정치는 예측에 반하는 영역이다. 예측이 통하면 그것은 이미 정치가 아니다. 정치 경쟁은 불확실성이 그 본질이다. 누가 이길지 분명하면 그것은 정치적 경쟁이 아니다. 새누리당이 앞으로 어떤 경로를 겪게 될지는 아무도 모른다. 분석적 전망을 해볼 수 있을 뿐 그 실상을 예측할 수는 없다.

"정치의 상황을 포착하는 일은 어렵다. 뭔가 알게 되었다 싶으면 금방 새로운 상황이 도래해 앞선 지식이나 정보를 무용지물로 만드는 것이 정치다. 정치의 미래를 예측하는 것은 너무 어렵다.……경제학은 제한된 자원 속에서 최소 비용으로 최대 수익을 얻고자 하는 경제 주체들을 중심으로 수요와 공급, 가격

이철희의 정치 썰전

메커니즘에 의한 조정 등을 끊임없이 확대해 설명하는 가정과 연역의 체계로 이루어져 있다.……예측은 경제학의 생명에 가깝다. 반면 정치학은 연역의 체계를 세울 수 없고, 따라서 교과서를 쓸 수 없으며, 아무리 많은 정보와 변수를 통제해도 예측이 잘 맞지 않는다."●

　　새누리당의 누군가가 정치적 열정과 간지奸智, 리더십을 가지고 등장해 예상하지 못한 새로운 길을 개척할 수도 있다. 2012년의 박근혜처럼 다른 새누리당을 만들어낼 수도 있다. 그렇게 되면 새누리당의 모습도 지금까지의 모습이나 앞의 '분석적 전망'과는 많이 다를 것이다. 요컨대 미래를 대할 때는 정치는 과학science이 아니라 예술art이라는 점을 충분히 감안해야 한다는 말이다. 또 하나 고려해야 할 점이 있다. 정치는 상대가 있는 게임이라는 사실이다. 새누리당이 어떻게 하는지도 중요하지만 새정치민주연합이 어떻게 하는지도 매우 중요하다. 새누리당이 못해도 새정치민주연합이 더 못하면 새누리당이 승자가 될 수도 있다. 반대로, 새누리당이 잘해도 새정치민주연합이 더 잘하면 새누리당이 패자가 될 수밖에 없다. 이것이 정치의 역동성이자 가변성이다.

●박상훈, 『민주주의의 재발견』(후마니타스, 2013년).

총리의
정치학

한국의 총리는 계륵인가?

2015년 2월 16일 새 총리가 탄생했다. 말도 많고 탈도 많았던
이완구 의원이 정말 운 좋게 인준 절차를 통과해 국무총리가 되
었다. 국회 표결에서 찬성률 52.7퍼센트로 2000년 인사청문회
제도가 도입된 뒤 두 번째로 낮은 수치다. 여소야대의 김대중 정
부 때 이한동 전 총리의 찬성률이 51.1퍼센트였다. 여당이 과반

의석을 확보하고 있는 지금의 현실을 감안하면 내용적으론 역대 최악이라 할 수 있다. 있어도 그만 없어도 그만이라는 평가를 받던 정홍원 전 총리의 찬성률은 72.4퍼센트였다. 안대희와 문창극 후보자의 연이은 낙마에 이은 세 번째 후보자이기에 얻은 타이밍 효과, 새정치민주연합 문재인 대표의 호남 대표 발언을 파고든 새누리당의 노골적인 지역감정 추동 등 그야말로 '웃픈' 막장 드라마였다. 그런데 의문이 있다. 역대 총리들에게서 보듯이 이력은 화려하지만 실제 역할은 미미하기 짝이 없는 국무총리를 두고 왜 이렇게 난리법석이 일어나는 것일까?

한국의 총리는 계륵鷄肋 같은 존재다. 법에 정해져 있으니 무시할 수는 없고 그렇다고 유의미한 소용이 있는 것도 아니다. 없으면 아쉽고, 있으면 불편하다. 역대 정부 중에서 총리 요인 때문에 성공한 경우는 없다. 도리어 득보다는 실이 많았다고 하는 게 옳다. 사실 선출직이 아닌 국무총리 때문에 정부가 성공하고 실패한다면 그것도 우스운 일이다. 우리는 대의민주주의, 즉 선거를 통한 정통성 확보를 원칙으로 삼는 체제이기 때문에 그렇다. 그럼에도 언제나 총리 이슈는 한국 정치에 핵심적 요인으로 작용하고 있다. 총리 이슈라는 개념은 포괄적이다. 총리의 역할, 총리의 역량, 대통령과 총리 간의 관계, 총리의 대통령 후보 가능성, 총리 인준을 둘러싼 공방 등이 담긴 개념이다.

헌법의 국무총리 관련 조항은 이렇다. "대통령이 궐위闕位되거나 사고로 인해 직무를 수행할 수 없을 때에는 국무총리, 법률이 정한 국무위원의 순서로 그 권한을 대행한다." 헌법 제71조다. "① 국무총리는 국회의 동의를 얻어 대통령이 임명한다. ② 국무총리는 대통령을 보좌하며, 행정에 관해 대통령의 명을 받아 행정 각부를 통할統轄한다. ③ 군인은 현역을 면한 후가 아니면 국무총리로 임명될 수 없다." 헌법 제86조다. "① 국무위원은 국무총리의 제청으로 대통령이 임명한다. ③ 국무총리는 국무위원의 해임을 대통령에게 건의할 수 있다." 헌법 제87조다. 요약하면, 내각 통할권, 장관 제청권·해임 건의권이 국무총리의 역할이자 권한이다. 쓰인 단어만 놓고 보면 결코 미미한 자리가 아니다. 하지만 이런 권한을 실질적으로 행사하는 경우는 거의 없다. 게다가 총리는 대통령을 보좌한다고 명시되어 있기 때문에 독립적으로 움직일 수 없고, 부처 장관과 달리 업무 영역이 특정되어 있지 않다.

과거 헌법(1948년 헌법, 1952년 헌법, 1954년 헌법)에서는 총리가 대통령의 명을 받아 행정 각부 장관을 통리統理·감독해 행정 각부에 분담되지 않은 행정사무를 담임한다고 정하고 있었다.

그러나 5·16 군사쿠데타 이후 만들어진 1962년 헌법 이후에 이 조항은 삭제되었다. 총리직은 1954년 헌법에서 일시 폐지되기도 했지만, 1948년 제헌 헌법부터 지금까지 유지되고 있다. 이완구 총리가 43대이니 숱하게 많은 인물이 총리를 지냈지만 총리직에 덧붙는 대독, 방탄, 의전 등의 수식어가 말해주는 것처럼 총리직에 대한 평가는 매우 낮다.

총리의 정치사

한국의 총리직은 한국 헌정사의 비극을 상징한다. 처음 헌법이 만들어진 과정을 살펴보면 왜 비극인지 알 수 있다.[●] 1948년 5월 10일 제헌의회가 선출되었고, 5월 31일 개원했다. 바로 다음 날 헌법 및 정부조직법 기초위원회가 위원 30명으로 구성되었다. 이들은 6월 4일부터 전문위원 유진오가 마련한 초안을 중심으로 헌법의 기초에 착수했다. 제헌의회는 한민당이 주도하고 있었다. 전체 198명의 의원 중 한민당 소속은 29명에 불과했지만 한민당의 영향이 미치는 의원은 89명에 달했다. 한민당은 헌법 기초위원회에 소속 의원 14명을 포함시켰고, 위원장도 맡았다. 한민당은 유력한 대통령 후보가 없었기 때문에 내각제를 선호

● 심지연, 『한국 정당 정치사』(백산서당, 2013년).

했다. 제헌의회 의원들도 대부분 내각제를 지지했다. 반면, 당시 국회의장으로 선출된 이승만은 대통령제를 선호했다. 미국에 체류했던 경험, 기성 질서 내의 얕은 지지 기반, 카리스마에 가까운 자신의 대중적 위상에 부합하는 제도가 대통령제였기 때문이다.

헌법기초위원회의 다수 의원들은 직접 선거라면 몰라도 국회에서 간접으로 선출되는 대통령에게 행정 책임까지 부여하는 대통령제로 가면 전제정치가 될 우려가 있다고 생각했기 때문에 내각제를 선호했다. 유진오의 회고에 따르면, 그는 세 가지이유로 내각제에 가까운 권력 구조를 만들려고 했다. 첫째, 대통령이 국무를 원활하고 강력하게 수행하려면 싫든 좋든 간에 국회 내 다수의 지지를 받을 수 있는 자를 국무총리와 국무위원에임명해야 한다. 둘째, 당시는 대통령을 국회에서 선출하도록 되어 있었으므로 국회에 대해 독립적인 지위를 갖기 곤란하다. 셋째, 격심한 정쟁을 완화하고 조정하는 역할을 하는 인물이 필요하며 그러한 역할을 대통령에게 맡겨서, 대통령은 정쟁에 초연한 태도를 취하는 것이 바람직하다.

헌법기초위원회가 내각제로 가닥을 잡자 예상대로 이승만은 강하게 반발했다. 이승만은 내각제가 영국이나 일본과 같은 군주제도에서 발전해온 것이기 때문에 민주주의를 수행하기 어렵다는 것을 이유로 들었다. 헌법기초위원회에 참석해 권력 구조를 대통령제로 바꿀 것을 요구했다. "지금 헌법기초위원회에서 심의되고 있는 것과 같은 헌법이라면 대통령 권한이 너무 약해서 도저히 일을 해나갈 수 없으니, 나 같은 사람은 모든 것을 다 그만두고 국민운동이나 하겠다." 배수진을 친 이승만의 이 말은 사실상 협박이나 다름없었다. 당황한 한민당은 이승만의 요구를 받아들이기로 했다. 허정의 증언에 의하면, 어차피 이승만의 집권이 불가피한 상황에서 그를 제외하고는 건국 초기의 막중하고 다난한 국사를 강력하게 수행하지 못한다는 판단 때문이었다. 헌법기초위원회는 내각제 헌법안을 10분 만에 대통령제 헌법안으로 바꾸었다. 이 헌법은 1948년 7월 17일 공포되었고, 7월 20일 이승만은 본회의에서 대통령으로 선출되었다.

국민에 의한 직접선거가 아닌 국회에서 선출된 대통령이 막강한 권력을 휘두르는 것은 대통령제 모델에서도 기형적이다. 사실상 총리가 내각제의 수상으로서 권력을 행사하는 구조를 급하게 대통령제로 바꾸다 보니 총리직이 공중에 붕 떠버렸다. 권력의 중심에서 졸지에 권력의 부속품으로 전락했다. 이승만 대통령은 제헌 헌법 기초 과정에서 정치 고문인 로버트 올리버Robert T. Oliver 박사에게 편지를 보내 이렇게 언급했다. "한국 사람들은 국무총리를 원하지 않고 있으며 의원들은 이에 반대할 것이오. 그러나 불만을 해소시키기 위해서 다만 대통령을 보좌하는 의미에서의 권한 없는 총리가 있을 수 있을 것이오." 권한 없는 총리가 바로 국무총리직의 본질이다. 게다가 제헌 헌법에는 부통령직도 두고 있었으니 총리의 역할은 미미할 수밖에 없었다. 당시에는 부통령도 국회에서 따로 뽑았다. 1954년에는 국민 직선으로 선출하다가 1960년 내각제 개헌 이후 부통령제는 우리 역사에서 사라졌다. 5·16 군사쿠데타 후 대통령제로 돌아갔으나 부통령직은 다시 도입되지 않았다. 부통령직이 없어진 뒤에도 총리의 위상과 역할은 강화되지 못했다.

미국에서 부통령이란 자리는 대통령의 러닝메이트지만 내용적으로는 별 볼 일 없는 자리의 대명사였다. 물론 지금은 사정이 다르다. 조지 부시 대통령 때의 딕 체니Dick Cheney나 빌 클린턴 대통령 때의 앨 고어Al Gore처럼 이제는 부통령이 명실상부한 넘버 투의 역할을 한다. 그러나 과거에는 '오줌통만도 못한 자리', '인간이 만들어낸 가장 하찮은 자리'라는 소리를 들었다. 이 평가는 한국의 국무총리직에 안성맞춤이다. 초대 국무총리를 지낸 이범석 장군의 비서였던 박동진의 회고를 보면 총리의 역할이 어떠한지 쉽게 가늠할 수 있다. "말이 국무총리지 사실 모든 것은 이 대통령이 다 했기 때문에 총리가 할 일은 별로 없었다. 대통령 중심제하에서 총리의 역할은 한계가 있어 어느 의미에서는 특정 부처를 맡고 있는 장관만도 못하다는 생각이 들 때가 간혹 없지 않았다. 특히 대통령의 생각이 강할 때는 총리가 그야말로 할 일이 없었던 것 같다. 예를 들어 이 박사의 외환 통제가 매우 철저한 탓도 있었지만, 이 총리가 한 번은 외국에서 약을 사올 일이 있어 200달러를 사용하겠다고 올렸더니 이를 절반으로 깎아 'S. R'이라는 사인을 해왔다. 당시 외환 사용에는 이 박사의 사인이 있어야 했지만 총리에 대해서도 이처럼 엄격했다."

처음부터 '총리 이슈'는 한국 정치의 뜨거운 감자였다. 이승만 대통령은 총리직을 원하는 한민당의 김성수 등을 제치고 이윤영 의원을 초대 총리로 지명했으나 국회 표결에서 부결되었다. 찬성 59, 반대 132의 압도적 표차였다. 진통 끝에 국회의 동의를 얻은 이범석 초대 총리 이후 43대 이완구 총리까지 역대 총리의 면면은 쟁쟁하다. 총리를 두 번 지낸 사람은 3명으로 백두진, 김종필, 고건이 그들이다. 가장 장수한 총리는 1964년 5월 10일부터 1970년 12월 20일까지 재임한 정일권이다. 총리직을 잘 수행했다는 평가를 받는 총리는 몇몇 있다.

그런데 총리로서 잘했다는 평가를 얻어 이후 대통령이 되거나 유력한 대선 주자가 된 경우는 없다. 형식적으로는 총리 출신으로 대통령이 된 최규하가 있기는 하지만 비정상적인 예다. 총리 퇴임 후 대선 후보로 나선 이회창도 총리직을 잘한 데 따른 결과라 보기 힘들다. 역대 가장 강한 총리로 꼽히는 이해찬 총리도 퇴임 후에 대선 후보로 발돋움하지 못했다. 유력한 대선 주자로 거론되던 정운찬 총리도 총리직을 수행하면서 오히려 이미지가 더 나빠졌다. 일각에서 명재상으로 불리던 김황식 총리도 퇴임 후 새누리당의 서울시장 경선에서 맥없이 패배했다. 지금까지의 선례에 비추어볼 때, 총리는 성공의 발판이라기보다 쇠락의 수렁이라 하는 게 맞을 것 같다.

연정과 책임총리제

한국 헌정사에는 일반적인 유형의 총리와 다른 유형이 제시된 바 있다. 총리직을 통한 연정聯政과 책임총리제가 그것이다. 주지하듯 대통령제는 연정이 어렵다. 연정이라는 게 일방의 파트너가 변심할 경우 정부가 붕괴되어야 하는데, 대통령제는 그렇지 않다. 대통령의 임기가 고정되어 있기 때문이다. 그렇다고 해서 아예 연정이 시도되지 않는 것은 아니다. 대통령제하에서도 연정은 얼마든지 가능하고, 또 빈번하게 이루어진다. 내각제처럼 제도적으로 강제하는 인센티브가 강하지 않을 뿐이다. 대통령제하에서도 연립정부를 구성하려면 내각의 자리를 나눌 수밖에 없다. 그런데 장관직이나 부총리직은 연정 파트너 정당의 대표에 비해 급이 떨어진다. 내각제의 연정에서도 대개 연정의 작은 파트너는 부副수상의 자리에 앉는다. 이런 점에서 총리직은 안성맞춤이다. 국무위원 제청권과 해임 건의권도 100퍼센트까지는 아니지만 실질적으로 행사할 수 있다. 연정 파트너와 내각 주요 포스트에 누구를 앉힐지 합의해야 하니 총리에게 보장된 헌법적 권한을 행사하기에 딱 좋다.

김대중·김종필DJP 연합은 전형적인 연정이다. 선거 전에 이루어져 선거 후까지 계속 유지된 연정이다. 대개 대통령제하의 연정은 선거 전 연합pre-election coalition의 형태를 취하기 쉽다. 반면 내각제하의 연정은 선거 결과가 나온 후에 이루어지는 것이 보통이다. DJP 연합은 선거 전에 DJ가 대통령 후보가 되고, 선거에 승리하면 JP가 총리를 맡는 것으로 역할 분담에 합의했다. 그 합의는 선거 후에도 지켜졌다. 정부 구성에서부터 운영까지 JP는 실세 총리로 불리면서 연정 파트너에 걸맞은 권력을 행사했다. 국민의정부 5년 동안 계속 유지된 것은 아니지만, DJP 연합은 한국에서 처음 시도된 연정의 구체적인 사례를 남겼다는 점에서 그 의미가 크다. 특히 처음 헌법을 만들 때 기대했던 총리직의 역할이 구현되었다는 점에 주목할 필요가 있다.

앞에서 언급한 대로, 헌법 제정 당시 대통령은 이승만이 맡는 게 대세였으니 이를 수용하되 총리직은 사실상 한민당의 당위원장인 김성수 몫으로 여겨졌다. 김성수가 총리직에 지명되었더라면 이승만과 한민당 간 일종의 연정이 출범한 것이라 할수 있다. 이 연정 구상은 이승만 대통령이 이범석을 총리로 지명함으로써 무산되었다.

어쨌든 태어날 때부터 우스꽝스럽게 되어버린 총리직이 연정을 가능하게 하는 묘수로 작용할 수도 있다는 사실에 주목해야 한다. DJP 연합에서 보듯 서로 다른 정당이 연정을 구성하는 유력한 통로일 수 있다. 또, 한 정당 내에서도 서로 다른 주자들이 대통령직과 총리직의 분담을 통해 연대할 수도 있다. 이를 나눠먹기로 비하할 필요는 없다. 반대 세력이야 야합이라고 매도할 수 있는 것이지만, 정치 문법에서는 이런 연대와 연합이 얼마든지 허용될 수 있다. 이렇게 되면 사실상 총리직은 얼굴마담이 아니라 실질적 권력을 행사하는 자리일 수 있다. 총리직이라는 것이 활용하기에 따라서는 얼마든지 정치를 풍부하게 만드는 좋은 수단이 될 수도 있다는 이야기다.

책임총리제는 헌법적 용어가 아니다. 현실 정치에서 만들어낸 개념이다. 흔히 총리에게 권한은 지우지 않고 책임만 지운다는 평가가 있는데, 이때의 책임accountability과는 다른 의미다. 책임총리제의 '책임'은 총리가 실질적인 권한을 행사한다는 의미에서 책임charge이다. 책임총리제는 대통령이 권한을 이양할 때 가능해진다. 대통령이 권력을 넘겨주지 않으면 불가능하다. 과거 이헌재 총리가 부처의 차관급 인사를 책임지고 관장한 사례도 대통령이 권력을 넘겨준 한 예다. 이때의 권한 이양은 그 폭이 매우 제한적이었다.

명실공히 총리가 상당한 권한을 행사하는 책임총리제는 노무현 정부 시절 이해찬 총리에서 비롯된 개념이다. 노무현 대통령은 상당한 권한을 총리에게 넘겨주었다. 노무현 대통령은 2004년 8월 10일 국무회의에서 이렇게 발언했다. "앞으로 일상적 국정 운영은 총리가 총괄해나가고 대통령은 장기적 국가 전략과제 또는 주요 혁신 과제를 추진하는 데 집중하겠다. 순차적으로 대통령과 총리 사이의 구체적 업무 분담을 명료하게 해나갈 것이며, 국무회의 운영도 총리 중심으로 해나갈 것이다."

책임총리제를 주제로 박사 논문을 쓴 한상익에 따르면 총리의 유형은 네 가지다. 먼저 순응형conformer type이다. 대통령에 대한 일방적 의존과 종속을 그 특징으로 하며, 그 역할은 대통령이 지시하는 행정적 사안이나 형식적·의전적 분야에 국한된다. 두 번째는 소신형self-reliance type이다. 강한 역할 인식과 명성, 집권당 기반 같은 정치적 자원을 갖고 자신의 역할을 하려 함으로써 대통령과 갈등을 빚는 유형으로, 그 역할은 일정 수준까지 확장되지만 결국 대통령의 벽을 넘지 못한다는 공통점이 있다. 세 번째는 관리형caretaker type이다. 민주화 이후 나타난 유형으로 대통령의 임기 말에 등장해 대통령의 영향력에서 일정 수준 벗어나 정권의 기존 사업들과 선거 관리를 담당하는 역할을 수행한다. 마지막으로 분담형partaker type이다. 대통령의 취약한 정치적 자원을 보완하면서 독자적인 영역을 구축하는 유형으로 대통령이 활발하게 활동하는 임기 초·중반에 대통령과 협력적 관계를 맺고 국정을 분담해 운영한다는 점에서 다른 유형들과 근본적인 차이가 있다. 책임총리제는 분담형에 속한다.

책임총리제는 국무총리제를 규정한 헌법 정신을 적극적으로 해석해 국무총리의 헌법적 역할인 대통령의 견제(임명 제청과 해임 건의권)와 정부의 정책 조정(부처 통합권)을 실질화한 것으로 특히 정책 조정과 관련해서는 집중성과 비공식성을 완화시키려는 시도다.[●] 이는 한상익의 정의다. 책임총리의 개념을 적극적으로 도입한 것은 1997년 대선 당시 여당이었던 신한국당의 대선 주자들이다. 당시 이홍구 후보는 국회의원들이 선출하며 각료 제청과 내각 통합권을 갖고 내정을 전담하는 '책임총리제'를 제기했고, 박찬종의 '책임내각제', 최병렬의 국무총리의 러닝메이트제 등은 이와 유사한 구성을 갖고 있었다. 이회창 후보도 국무총리에게 내각 구성권을 주겠다고 했고, 당의 후보가 된 다음에는 책임총리제를 공약으로 제시했다. 이후 거의 모든 대선 주자가 책임총리제를 약속했다. 대통령의 제왕적 권력에 대한 부정적 여론이 확산된 데 따른 것이다. 유독 노무현 대통령은 후보 시절 책임총리제를 공약하지 않았다. 이 제도에 대한 부정적 인식 때문이 아니라 헌법 정신이 곧 책임총리제니 헌법을 지키면 되는 것이지 공약할 사안은 아니라고 본 탓이다.

책임총리란 이름에 부합하는 예는 2004년 취임한 이해찬 총리가 유일하다. 노무현 대통령은 당선 직후부터 당정 분리를 선언했기 때문에 청와대가 국회나 정당 관련 업무를 전담할 수 없었다. 그 때문에 국회와 정당 관련 일은 총리에게 맡겨졌다.

●한상익, 「한국에서 책임총리란 무엇인가」, 『이슈브리핑』, 민주정책연구원, 2015년 2월 26일.

내각의 정책 조정도 총리의 권한이었다. 이해찬 총리는 예산과 인사에서 상당한 권한을 행사해 총리의 정책조정권을 실질화할 수 있었다. 국정 운영에서 대통령과 총리 간의 역할 분담을 명확하게 했다. 2004년 8월 노무현 대통령은 책임총리제의 구체적인 방침을 공식적으로 밝혔다. 첫째, 국무총리 중심의 국정 운영 체계 속에서 분야별 협의 조정 시스템을 결합할 것, 둘째 국가 전략과제와 독립기관의 소관 업무는 대통령이 관장하고 국무총리는 일상적 국정 운영을 책임질 것, 셋째 헌법에 보장된 국무총리의 인사 제청권을 실질적으로 강화할 것, 넷째 국무총리 관장의 사안이나 조정이 원활하지 않은 사안은 국무총리 주재의 정책조정회의에서 처리할 것, 다섯째 각 부처뿐만 아니라 청와대 비서실도 일상적 국정 사안은 국무총리에게 공식 보고할 것 등이다.

이해찬 총리 또는 그를 앞세운 책임총리제가 성공했는지는 미지수다. 어떤 관점에서 보느냐에 따라 다를 수 있다. 다만, 당시 책임총리제의 효과로 인해 제왕적 대통령제라는 비판은 거의 없었다. 그렇다면 대통령의 권한 독점에 따른 폐해를 시정한 효과는 분명했다고 할 수 있다. 한 번의 사례밖에 없기 때문에 책임총리제가 좋은 제도인지는 더 많은 사례가 있어야 온전하게 평가할 수 있을 것이다.

총리는 실패할 수밖에 없는가?

이즈음에서 이런 질문을 던질 수 있다. 한국에서 총리는 실패할 수밖에 없을까? 성공과 실패를 어떻게 규정하는지에 따라 답이 달라진다. 대독 총리, 방탄 총리, 의전 총리가 우리 헌법이 정한 총리의 역할이라면 성공하는 게 그리 어렵지는 않다. 어쩌면 대부분의 총리가 성공했는지 모른다. 하지만 내각을 통할하고, 국무위원 제청권과 해임 건의권을 행사하고, 그럼으로써 민심의 호응 속에서 국정 운영을 안정적으로 해내는 것이 총리의 본래 역할이라면 성공한 총리는 지금까지 없었다. 총리를 거친 다음 대통령이 되는 것을 성공이라 한다면 이 또한 성공한 예가 없다. 그렇다면 총리는 실패할 운명이라는 결론도 그리 과장된 것은 아니다. 실패할 수밖에 없다면 왜 그럴까?

첫째, 권한의 제약을 들 수 있겠다. 헌법에서 정한 권한은 상당해 보이나 실제로는 허약하기 짝이 없다. 헌법에 대통령의 명을 받드는 보좌 기능을 총리의 태생적 한계로 적시해놓았기 때문에 애당초 총리에게 독자성은 없다. 권한을 보장받기 위해 쓸 수 있는 수단도 거의 없다. 국무위원 제청권이라는 것도 대통령이 허용하지 않으면 아무런 소용이 없다. 임명권자는 대통령이기 때문이다. 자신이 제청하지 않았는데 대통령이 국무위원을 지명했다면, 총리는 대통령을 상대로 헌법재판소에 권한쟁의심판을 청구해야 한다. 불가능한 이야기다. 내각 통할권이라는 것도 허망한 레토릭rhetoric이다. 장관들을 지휘하고 통제할 무기가 없다. 예산이나 인사로 상벌을 주는 권한이 총리에게는 부여되어 있지 않다.

둘째, 제도적 한계다. 내각제의 총리와 달리 대통령의 임기는 고정되어 있다. 대통령이 아무리 못해도 법에 정해진 특별한 경우가 아니면 정해진 임기는 보장된다. 내각제에서 총리가 바뀌거나 총선을 새로 치러야 할 정치적 상황이라도 대통령제에서는 임기의 고정성 때문에 당장 선거로 책임을 물을 수 없다. 때문에 누군가 그 정치적 책임을 대신 질 수밖에 없다. 비유하자면 대통령제의 총리란 '휘핑 보이whipping boy(대신 매 맞아주는 아이)'인 셈이다. 또 하나 고려할 것이 있다. 대통령제에서 대통령은 재임 기간이 늘어갈수록 지지율이 떨어지기 마련이다. 대통령 지지율 하락의 경향성은 법칙이라고 해도 과언이 아닐 정도로 경험적으로 관찰되고, 논리적으로 타당한 주장이다. 총리는 대통령이 임명한 사람이다. 대통령의 지지율이 하락하면 그의 사람도 덩달아 영향을 받을 수밖에 없다. 이는 총리직의 숙명이다. 이회창 총리는 대통령과의 대립을 공개적으로 표출한 다음에 오히려 대선 주자로서 경쟁력이 높아졌다는 사실이 이를 잘 말해준다.

국무총리 제도는 없애거나 제대로 운영하거나 둘 중 하나를 선택해야 한다. 다음 개헌 때 국무총리 자리를 없애는 것도 하나의 방법이다. 대통령이 책임져야 할 일에, 그에 관여한 바도 없는 총리가 애먼 희생양이 되는 걸로 위기를 수습하는 것은 대통령에게도 도움이 되지 않는다. 대통령 자신이 당당하게 책임지게 해야 한다. 그래야 대통령도 국정 운영에 더 조심할 것이다. 아니면, 가칭 국무총리법을 제정해야 한다. 헌법에 정해진 권한을 실질적으로 어떻게 보장할지 구체적으로 정해주어야 한다. 총리가 할 일과 하면 안 되는 일을 구분해주는 것이 필요하다. 그래야 총리를 둘러싼 숱한 오해도 불식되고, 총리 인준 여부를 놓고 되풀이되는 여야 갈등 등 총리 이슈도 순화될 것이다.

제 3 장

정치가

바뀌어야

삶이

달라진다

6·4
지방선거,
승자는
누구인가?

누가 이겼나?

2014년 6·4 지방선거는 영화 〈엑스맨〉의 등장인물 '미스틱' 같다. 관점에 따라 모습이 달라지기 때문이다. 단순 성패를 따지자면 야권이 승리한 선거다. 광역단체장을 기준으로 보면 새누리당과 새정치민주연합이 각각 8곳과 9곳에서 이겼으니 단순 셈법으로도 야권이 하나 앞선다. 특히 양당의 텃밭인 영남(5곳)

과 호남(3곳)을 빼고 계산하면 6 대 3으로 새정치민주연합이 많이 앞선다. 새누리당은 경기·인천·제주에서, 새정치민주연합은 서울·강원·대전·충북·충남·세종에서 이겼다. 광역단체장이 얻은 득표수에서도 야권의 후보들은 여권의 후보들에 비해 53만 표 가량 더 얻었다. 게다가 17개 지역의 교육감 선거에서 진보 성향의 후보가 13명이나 당선되었다. 정당 공천과 기호가 없는 교육감 선거에서 진보 진영이 압승한 것은 세월호 참사에서 보인 정부의 무능에 대한 엄마들의 분노, 이른바 '앵그리맘 angry mom'의 표심이 적극 반영된 것으로 보인다.

물론 다르게 해석할 측면도 있다. 전국의 226개 기초단체장 선거에서 새누리당이 117곳을, 새정치민주연합이 80곳을 차지했으니 여당의 확실한 승리다. 2010년 82 대 92의 여야 구도에 비교하면 여당의 승리는 더욱 돋보인다. 서울에선 5 대 20으로 야당이 완승했지만, 경기·인천에서는 24 대 40으로 2010년의 15 대 46에 비해 그 격차가 많이 줄었다. 광역의원 비례대표를 뽑는 정당 투표에서도 새누리당은 전국의 17곳 중 12곳에서 승리했다. 특히 단체장 선거에서 패배한 서울·강원·충북·충남에서도 앞섰다. 광역의원과 기초의원 수에서도 여당이 승리했다. 2010년 288 대 360으로 야당 우위였던 광역의원의 수가

416 대 349로 역전되었다. 기초의원 수는 1,247 대 1,025에서 1,413 대 1,157로 격차가 늘었다. 흔히 선거의 기초 요건, 즉 펀더멘털 중 가장 중요한 요인으로 정당 지지율과 선출직 공직자의 수를 꼽는다. 이런 점에서 여야 간의 펀더멘털에서 야당이 여전히 수세에 있는 것은 분명하다.

야권이 적극적으로 해석할 대목도 있다. 우선 흐름이다. 지난 2012년 총선에서 야권은 이길 수 있는 선거였지만 패배했다. 대선에서는 박빙의 대결에서 막판 뒷심 부족으로 졌다. 입법 권력과 행정 권력을 잇따라 잃은 데다 선거 후에도 야당은 정보기관의 대선 개입이란 대형 이슈가 터졌지만 박근혜 대통령의 높은 인기를 저지하는 데 실패했다. 누가 봐도 구조적 열세였다. 그런 흐름이 이번에 반전되었다. 그것도 집권 16개월 즈음에 치러지는 신혼선거에서 지속되던 트렌드를 뒤집은 것이니 비록 그 동력이 반사이익이라 할지라도 의미가 만만치 않다. 미래 정치의 관점에서도 야권이 득을 본 것 같다. 2017년에 나설 대선 후보급 정치인의 면면을 보면 야권이 좀 앞선다.

2011년 재·보궐 선거에서 당시 안철수의 도움으로 승리한 박원순 후보가, 이번에는 자력으로 13퍼센트포인트 차이로 압승함으로써 강력한 대권 주자로 발돋움했다. 전략 공천 논란으로 수세에 몰렸던 안철수 대표도, 광주에서 큰 격차로 승리하면서 전체 판도에서 밀리지 않는 결과 덕분에 유력한 대권 주자로 살아남았다. 통합진보당과의 야권 연대를 주장하는 전략적 오판과 약한 존재감 등으로 인해 도드라진 활약을 보이진 못했지만, 문재인 의원도 서서히 자기 목소리를 가진 리더의 면모를 갖춰가고 있다. 여기에 안희정과 김부겸이란 새 인물의 등장까지 야권의 대권 인물은 풍성하다. 반면, 여권은 '닥치고 박근혜'만 외칠 정도로 박근혜 대통령 외에 선거에 내세울 만한 대중성을 지닌 인물이 없다. 돋보이는 차세대 스타도 없다. 광역단체장이 된 남경필, 원희룡, 권영진 등은 아직 차세대 유망주일 뿐이다.

박근혜 마케팅이 먹힌 이유

6·4 지방선거는 여권에 박근혜 말고는 아무도 없다는 사실을 명확하게 보여주었다. 최소한 선거 정치의 관점에서는 부정할 수 없는 진실이다. 엄밀히 따지면 6·4 지방선거는 박근혜 대통령에서 시작되었고, 그의 손에서 끝났다고 해도 과언이 아니다. 선거가 다가오면서 박근혜 대통령은 기민하게 움직였다. 중진 차출론이란 이름하에 당선 가능한 인물을 대거 징발했다. 정당

의 관점에서 보면 후보는 두 가지 요건을 충족해야 한다. 여러 정파가 받아들일 수 있는 수용성acceptability과 본선에서 이길 수 있는 당선 가능성electability이다. 박근혜 대통령은 수용성에서 담대함을 보여주었다. 당내 비주류 혹은 과거 이명박 대통령과 가까웠던 친이 인사들조차 당선 가능성에서 앞서면 과감하게 발탁했다. 서울의 정몽준, 경기의 남경필, 제주의 원희룡 등이 그들이다.

게다가 기초선거 정당 공천 배제 공약을 뒤집는 '계산된' 수를 통해 야당을 자중지란에 빠뜨렸다. 기초선거 정당 공천을 할 것인지 말 것인지를 놓고 야권은 혼란에 빠졌다. 민주당과 안철수 세력이 합친 새정치민주연합이 등장한 후에도 이 혼란은 가라앉지 않고 오히려 증폭되었다. 이러한 혼란으로 야권의 선거 준비는 상당 기간 방치되었다. 새정치민주연합의 자중지란과 시간 낭비 속에 여권은 지지율에서 절대적 우세를 만들어냈다. 이렇게 선거의 여왕이 만들어낸 우세는 세월호 참사로 맥없이 무너졌다. 지방선거 준비에서 높은 정치력을 보인 박근혜 대통령이 행정에서는 바닥의 수준을 보여준 탓에 그 우위를 스스로 잃어버린 셈이다.

대통령의 지지율은 물론 광역 후보들의 지지율도 급격하게 떨어졌다. 대통령 지지율의 하락은 정권 심판 프레임이 등장할 수 있게 했고, 후보 간 경쟁이 아니라 무능한 정부·여당에 대한 찬반으로 구도가 바뀌도록 만들었다. 새누리당과 새정치민주연합의 정당 지지율은 40 대 20의 구도였으니 이 구도하에서 하는 선거는 야당이 불리할 수밖에 없다. 이 구도가 새누리당 대 반反새누리당 또는 비非새누리당으로 바뀌면 40 대 60으로 판이 뒤집히게 된다. 이런 구도에서 관건은 60이 얼마나 충분히 결집하느냐에 성패가 달려 있기 마련이다. 이것은 야권 리더십과 전략의 몫이다.

세월호가 침몰한 건 행정의 무능 탓이라기보다는 기업의 탐욕 때문이다. 하지만 세월호 침몰이 엄청난 참사가 된 것은 행정의 무능에서 비롯된 것이다. 안전을 강조한 박근혜표 안전 행정 시스템이 얼마나 무기력한지 생생하게 드러났다. 아이러니하게도 보수정권의 치어리더라고 하는 종합편성채널에 의해 행정부의 무능이 거의 24시간 생중계되었다. 대통령도 비극에 둔감한 모습을 보였다. 전남 진도 팽목항을 찾아 유가족을 만났을 때나 경기도 안산의 합동분양소를 찾았을 때도 그는 울지 않았다. 자신을 탓하는 모습은 고사하고 관료들을 질책하기 바빴다. 여론이 들끓을 수밖에 없었다. 결국 박근혜 대통령이 잘못 대응함으로써 침몰이 참사가 되었으니 정치적 위기는 박근혜 대통령 스스로 초래한 셈이다.

정부가 잘못했을 때 그 책임이 고스란히 대통령 개인에게 돌아가는 것은 권위주의 통치의 불가피한 귀결이다. 문제의 근원이 대통령이지만, 권위주의 시스템 때문에 아무도 해결책을 제시할 수 없었다. 오직 대통령을 쳐다볼 뿐이었다. 2014년 5월 19일 드디어 대통령이 대국민 담화 발표로 반전을 시도했다. 곧이어 회심의 카드로 준비한 총리 후보자도 발표했다. 그러나 안대희 후보자는 도덕성 논란으로 6일 만에 자진 사퇴하고 말았다. 또 다시 수세. 더는 기댈 데가 없어진 여권이 고육지책으로 꺼내든 것이 바로 이른바 박근혜 마케팅이다.

박근혜 마케팅은 먹혔을까? 먹혔다. 서병수, 유정복 등 친박 후보가 박근혜 마케팅으로 상승세를 타기 시작했고, 열세이던 대구에서 박근혜 살리기 흐름이 생겨났다. 왜 먹혔을까? 두 가지 이유 때문이다. 첫째, 정치적 양극화 또는 진영 논리 때문이다. 2012년 대선부터 2014년 지방선거 때까지 여야는 그야말로 극한의 대결을 펼쳤다. 과거사 논란이나 NLL 문제, 국정원의 대선 개입, 검찰총장 혼외자 논란, 기초선거 정당 공천 배제 등 여와 야, 보수와 진보 간에 워낙 치열한 대치를 벌이다 보니 박근혜 지지층이 이완되거나 일부 이탈할 여지가 거의 없었다. 박근혜 대통령에게 다소 불만이 있더라도 대선 때 형성된 기왕의 첨예한 진영 논리가 계속 유지되면서 다른 목소리를 내기 힘들게 되었다.

영남과 보수가 박근혜를 중심으로 강하게 결속하는 기본 동력이 바로 정치적 양극화다. 대선 이후 전부 아니면 전무all or nothing의 도덕적 이슈가 아니라 좀더 또는 약간 덜more or less의 사회경제적 이슈에 집중했더라면 정치적 양극화가 해소되었을 것이다. 2012년 미국 대선을 다룬 존 시데스John Sides와 린 바버렉Lynn Vavreck의 『도박The Gamble: Choice and Chance in the 2012 Presidential Election』에서, 기대에 못 미치는 성과를 냈지만 버락 오바마 대통령이 대중적 인기를 누리는 비결로 제시하는 것이 바로 '정치적 양극화'다.

둘째, 야당이 정책적 선거 쟁점을 만들어내지 못했기 때문이다. 박근혜 마케팅은 감성 프레임이다. 박근혜 대통령이 대국민 담화 때 흘린 눈물을 계기로 '박근혜 대통령의 눈물을 닦아줄 때'라는 감성적 호소의 전략이다. 잘잘못을 떠나 애처롭게 당하고 있는 불쌍한 박근혜를 도와주자는 정서를 만들어내는 것이 이 전략의 목표다. 박근혜를 도와주자는 호소가 먹히려면 선거에 다른 정책 쟁점이 없어야 한다. 지난 2010년 지방선거의 무상급식처럼 손에 잡히는 구체적인 선거 쟁점이 형성되었다면, 박근혜에 대한 호·불호의 감성적 평가는 뒷전으로 밀렸을 것이다.

이성적인 판단을 강제하는 정책 쟁점 없이 대통령의 눈물 대 국민의 눈물로 전선을 짜게 되면 적극적 지지층이 있는 쪽이 유리하기 마련이다. 지방선거의 투표율은 매우 낮고 감성적 호소를 통해 지지층을 동원할 수 있는 인물이 있다면, 그를 중심에 놓고 도울 것이냐 버릴 것이냐의 선택을 강요하는 것은 충분히 생각해볼 수 있는 전략이다. 그만큼 선거에서 호감 요인likability factor은 중요하다. 정당 간에 정책적 차이가 없으면 인물이 가진 매력이나 호감이 중요해질 수밖에 없다. 때문에 인물 경쟁력에서 밀린다면 정책 차별성에 중점을 둔 선거 프레임을 가동하는 것이 최선이다. 이것이 없었기에, 즉 야당이 틈을 열어주었기에 박근혜 대통령의 눈물이 먹혀들 수 있었다.

야당, 참을 수 없는 그 무능

지방선거에서 야당은 나름 선전했다. 2004년 총선에서 불어닥

친 대통령 탄핵 역풍처럼 절대적 우세의 분위기에서 승리하지 못했다고 보는 건 오버다. 여론 지지율에서도 그때만큼 강한 역풍은 불지 않았다. 당시에는 정당 지지율에서 열린우리당이 한나라당을 추월해 홀쩍 넘어섰다. 후보 지지율에서도 200석이 넘는 의석 획득이 예상될 정도로 열린우리당은 족탈불급足脫不及의 강세를 보였다.

또 하나의 준거점은 2010년 지방선거다. 당시와 2014년 지방선거를 비교할 수 없는 것은 대통령의 호감 요인이다. 이명박 대통령과 박근혜 대통령은 호감도에서 현격한 차이를 보였다. 단순 비교해서 이명박 대통령은 비호감의 정치인이라면, 박근혜 대통령은 호감을 넘어 연민의 정치인이다. 부모가 모두 비극적 최후를 맞이한 것에 따른 정서적 반향이다. 2010년 지방선거에 무상급식이란 복지 프레임이 가동되었다. 천안함 사태 때문에 수세에 몰려서인지, 야당이 새로운 대안 프레임을 제시했다. 그것이 바로 무상급식이었다. 세 가지, 즉 엄청난 바람과 비호감의 대통령과 유리한 정책 프레임이 있었기에 2004년과 2010년 열린우리당과 민주당은 승리할 수 있었다.

2014년 6·4 지방선거에는 그 세 가지가 없었다. 도리어 손상되지 않는 호감도를 자랑하는 대통령의 존재에 정책 쟁점까지 형성되지 않았다. 사실 정책 쟁점은 없었다고 말하기보다 만들어내지 못했다고 하는 게 맞는 표현이다. 야당이 하기에 따라서는 얼마든지 만들어낼 수 있었기 때문이다. 세월호 참사는 많은 숙제를 우리 사회에 던졌다. 안전 시스템의 문제, 대통령의 역할과 소통 문제, 기업의 탐욕 문제, 규제 완화 문제, 비정규직 등 노동문제, 지시와 획일을 강요하는 교육 문제, 관피아로 상징되는 관상官商유착 문제, 받아쓰기에 길들여지고 선정주의에 매몰된 언론 등 세월호 참사는 우리 사회의 뿌리 깊은 난맥상을 들추어냈다.

세월호 참사 초기에는 정부의 무능이 여론의 질타를 받았다. 다음으로 대통령의 공감 결여가 공분을 샀다. 이즈음 검찰이 주도하는 유병언 국면이 시작되었다. 아무리 큰 대형사건이라도 시간이 지나면 분노의 강도가 낮아지고, 집중성도 약화되기 마련이다. 이때에는 비판 정서나 분노의 감정을 삶에 기초한 정책 프레임으로 전환해야 한다. 어떤 사건에 대한 찬반이 누군가에 대한 호불호로 치환되지 않도록 하려면 정책 프레임이 작동되어야 한다. 새정치민주연합은 이런 좋은 정치에 참 무능했다.

6·4 지방선거 과정에서 제기된 말이 '앵그리맘'이다. 어린 자녀들이 허망하게 죽어가는 모습에 분노한 부모들의 심경을 표현한 개념이다. 야당은 이 개념을 기반으로, 세월호 참사에서

추출한 정책 쟁점을 통해 유권자가 정서적 감성이 아니라 합리적 판단으로 투표할 수 있도록 유도했어야 했다. 이런 쟁점을 흔히 '쐐기 이슈'라고 부른다. 예를 들어 박정희와 김대중이 맞붙었을 때 경상도 대 전라도의 싸움이 되는 것보다 재벌 경제 대 대중 경제의 싸움이 되면, 경상도의 서민은 김대중을 찍을 구실이 새로 생기는 셈이다. 실제로 김대중은 1971년 대선에서 지역 대립이 아니라 정책 대립으로 선거 프레임을 짰고, 그 결과 비호남 지역에서 선전할 수 있었다. 앵그리맘의 개념만 내용 없이 외치니 선거 막판 '크라잉박crying Park'의 애절한 호소에 당한 것이다.

야당에 이런 정책 쟁점이 없었다면 박근혜 대통령에게 맞설 만한 인물이라도 있었어야 했다. 대중적 인기를 누리는 호감의 정치인이 새정치민주연합에 있었더라면 크라잉박의 호소가 그렇게 먹히지는 않았을 것이다. 2006년 한나라당이 지방선거에서 싹쓸이를 할 때도 당시 당 대표였던 박근혜의 존재가 갖는 흡입력이 큰 역할을 했다. 그런 점에서 새정치민주연합이 내부 갈등 때문에 '러블리안lovely Ahn', 즉 안철수를 망가지게 만든 건 큰 실책이다. 정치인이 본래의 장점을 잃게 되는 건 기본적으로 그 자신의 책임이다. 하지만 몰락하던 민주당이 안철수 의원의 도움으로 살아난 형편을 고려하면 계파 갈등으로 그를 짓누른

건 정치적 도의를 넘어서는 행위였다. 안철수 의원이 살아야 선거에서 이기고, 선거에서 이겨야 새정치민주연합의 정치인도 전도가 유망해지는데 안철수 의원은 상대방의 공세가 아니라 내부 갈등 때문에 새 정치의 이미지와 사랑스러움을 잃어버렸다. 안철수 의원은 합당 순간의 호감과 인기를 유지했더라면 선거 결과는 많이 달랐을 것이다. 새정치민주연합이 깊이 반성하고, 안철수 의원이 차분하게 되짚어볼 대목이다.

야당이 성찰해야 할 점 중 하나가 교육감 선거에서 진보 성향의 후보들이 대거 승리한 점이다. 2010년 지방선거를 돌이켜보면 무상급식도 그랬고, 반값 등록금도 그랬듯 교육·복지 분야의 정책 쟁점이 잘 먹힘을 알 수 있다. 교육은 여러 가지 문제가 응축되어 있는 분야다. 정책 민감성이 높은 분야이기도 하다. 따라서 야당은 교육·복지 분야에서 보수와 차별화된 대안을 제시하고, 그 가운데서 쉽고 간명한 정책 쟁점을 만들어내야 한다. 따라서 비록 정당 공천을 한 것은 아니지만, 새정치민주연합이 교육감들과의 연대를 통해 성공한 교육정책을 만들어내는 게 매우 중요하다고 하겠다. 한 가지 첨언컨대, 의료 민영화에 대한 반대 여론에서 보듯 의료 복지나 건강 민주주의 의제도 야당으로서는 집중해볼 만하다.

선택과 기회는 누구에게나 있다

6·4 지방선거에서 여권은 세월호 참사가 '카트리나 모멘트'가 되지 않도록 하는 데 어렵게 성공했다. 여권이 참패했더라면 박근혜 대통령의 국정 운영은 달라지는 게 순리다. 비록 지방 권력을 잃는다고 해서 국정 운영에 큰 물리적 차질이 생기는 것은 아니지만, 민심 이반에 고집을 피울 수 있는 정치 세력은 없다. 따라서 6·4 지방선거 결과는 여권에 그야말로 천만다행이라고 받아들여질지 모르겠다. 하지만 이것은 착각이다. 아마 이런 비유가 가능하리라. 여권은 통장 잔고가 0이 될 정도로 있는 현찰, 없는 밑천 다 쏟아부었다. 결국 박근혜 마케팅은 유효했지만 일종의 회광반조回光返照라고 할 수 있다. 해가 지기 직전 일시적으로 햇살이 강하게 비추어 하늘이 밝아지는 현상이 '회광반조'다. 화려한 황혼이라는 말이다. 박근혜 대통령은 눈물까지 보이면서 간절하게 호소했기에 이제는 선거의 여왕으로 군림하기 어렵다. 박근혜 대통령을 돕기 위해 이번에 표를 던진 상당수 유권자가 이것으로 마음의 부채를 청산했으리라는 추론이 가능하기 때문이다.

문제는 이제부터다. 박근혜 대통령의 빛에 가려 새로운 인물이 전혀 부각되지 못했다. 사실 그동안 박근혜란 존재 때문에 독자적으로 대중 정치를 펼친 정치인이 거의 없었다. 친박 진영에 인기 있는 광역단체장 후보감 하나 없는 형편이니 차기 주자는 언감생심이다. 이명박 정부의 실정과 인기 하락에도 새누리당이 버틸 수 있었던 것은 당내에 박근혜라는 스타십을 가진 리더가 존재했기 때문이다. 지금 새누리당에 그런 정치인은 없다. 올망졸망한 골목대장만 즐비하다. 물론 이들 간의 치열한 경쟁을 통해 새로운 인물이 화려하게 등장할 수도 있겠지만 현재로선 그런 그림이 쉽지 않아 보인다. 오죽하면 당 밖의 반기문 유엔 사무총장이 지지율 1위를 누릴까? 대통령이 제기한 국가 개조나 규제 완화 어젠다가 시대 과제로 부각된다면 인물 열세를 극복할 수도 있겠으나 여론의 흐름은 그렇지 않다. 따라서 현재 권력은 위기를 넘겼으나 권력을 재창출할 당으로선 깊은 위기에 빠져들고 있다고 하겠다.

새정치민주연합 역시 갈 길이 멀다. 구조적 수세에서 불안한 균형으로 형세를 바꾸긴 했지만 자력으로 일군 게 아니다. 새정치민주연합이 제시하는 시대적 과제 또는 만들어갈 사회를 간결하게 정리한 시대 담론도 아직 없고, 때문에 당연히 승리 전략도 없다. 6·4 지방선거에서 보듯 반사이익을 누리는 데 머물러 있을 뿐이다. 가장 시급한 과제는 새정치민주연합이 새누리당과 차별화된 사회경제적 프로그램을 제시하고, 선명한 정책 쟁점을 만들어내는 것이다.

앞서 언급한 존 시데스와 린 바버렉은 선거를 결정하는 요인으로 두 개의 C를 말한다. '선택Choice'과 '기회Chance'가 그것이다. 기회는 경제 상황, 상대 후보, 유권자 지형 등을 말한다. 경제가 호전되고, 경쟁력을 갖춘 상대 후보가 등장하고, 지역주의가 유지된다면 야권으로서는 기회를 찾기가 쉽지 않다. 하지만 선거는 기회뿐만 아니라 선택도 중요하다. 야권이 집중할 대목이 바로 여기다.

어떤 메시지를 던지고, 어떤 프레임을 짤지는 야권이 하기 나름이다. 기회는 펀더멘털에 관한 것이기에 야권이 개입할 여지가 제한적이다. 선택은 각자의 몫이다. 결국 선택은 실력을 다투는 영역이다. 새정치민주연합이 지금까지 해오던 대로 익숙한 프레임에 연연하거나 수동적으로 끌려다니는 반대 스탠스stance만으로는 결코 이길 수 없다. 자신만의 선택, 즉 시대 담론과 전략이 있어야 한다.

새누리당과 새정치민주연합은 많은 점에서 다르다. 정책을 놓고 보더라도 같은 점보다는 다른 점이 많다. 그런데 이 차이를 일반 유권자는 잘 모른다. 양자 간에 차별성이 없기 때문이 아니라 그 차이가 대중의 눈에 보이도록 만들지 못하기 때문이다. 경제민주화나 복지에서 많이 다르다고 하는데 어떻게 다른지 쉽게 이해하기 어렵다. 손에 잡히도록 구체적이지 않은 차이는 없는 것과 마찬가지다. 쉽고 간명한 정책 쟁점으로 정책적 차별성을 표현하는 게 핵심이다. 이를 위해서는 넘어야 할 장벽이 있다. 보수의 물타기다.

지난 2011년 8월 무상급식 찬반 투표 이후 보수는 복지나 경제민주화에 찬반 구도를 허용하지 않는다. 사실에 부합하든 않든 '우리도 한다'는 기조를 유지한다. 이런 물타기를 넘어서서 선명한 쟁점을 만들어내는 것이 바로 실력이다. 세계 어느 나라의 진보든 자기 실력 없이 반사이익에 기대 복지국가를 만들고, 경제민주화를 이룩한 예는 없다. 김대중이나 노무현이 그랬듯 자신의 어젠다를 제기하고, 그것을 통해 강한 시대적 상징성을 가진 인물이 등장해야 새정치민주연합은 계파주의와 무기력을 극복할 수 있다.

2014년 지방선거가 끝남과 동시에 2017년을 향한 게임은 이미 시작되었다. 2017년은 2007년이나 2012년과 달리 인물 간 경쟁이 아니라 정책 싸움이다. 흐름을 주도할 강자가 없기 때문이다. 지향하는 바를 선명하게 제시하고 프레임으로 만들어 내는 데 성공한 진영, 그에 걸맞은 리더십을 발휘하는 인물이 승리할 것이다. 그 기회는 누구에게나 열려 있다.

새정치민주연합은
무엇으로
사는가?

이순신의 전략과 리더십

영화 〈명량〉을 보면서 두 가지에 특별히 꽂혔다. 하나는 전략에 대한 이해다. 이순신이 명량해전을 준비하면서 짠 전략은 울돌목에서 대장선을 타고 홀로 지키는 것이 전부였다. "병법에 이르기를 한 사람이 길목을 잘 지키면 1,000명의 적도 떨게 할 수 있다 했다. 바로 지금 우리가 처한 형국을 두고 하는 말 아니더냐." 이순신의 전략을 잘 말해주는 대사다. 다른 대사('내가 죽어야겠지')를 통해서도 은유되지만, 그곳에서 그는 자신의 목숨을 바치는 전략을 세웠다. 사실 어떤 전략이든 시작부터 끝까지 완벽하게 계산되고 준비된 설계도를 가질 수는 없다. 전략은 변수들을 동원하고 활용해 상수들의 조합에 변화를 줌으로써 원하는 결과를 얻어내는 지침이다. 『삼국지』에서 그려지는 제갈공명의 호풍환우呼風喚雨나 신출귀몰神出鬼沒은 전략이 아니다. 그냥 재미있는 이야기일 뿐이다. 전략가의 대명사로 불리는 장량이 초한전쟁을 승리로 이끈 전략은 시종일관 민심을 얻는 것이었다. 그랬기에 숱한 전투에서 패배했지만, 전쟁에서 승리할 수 있었다.

울돌목에서 장렬하게 산화하려는 순간 이순신을 구해낸 것은 백성이었다. 울돌목의 물길을 잘 아는 백성들이 작은 배를 타고 와서 그의 배를 소용돌이에서 빼낸다. 이 상황은 이순신의 그림 속에 없었다. 사실史實이 아닌 창작이지만 전략의 속성을 정확하게 짚고 있다. 모든 상황을 예측하고, 자로 잰 듯 맞춤 대응을 준비하는 것이 전략이라고 생각하면 그것은 착각이다. 그런 전략은 없다. 전략은 '큰 그림big picture'이다. 모든 것을 예측할 수 없다는 게 전략의 속성이라면 전략의 필수불가결한 요소가 리더십이다. 모든 것을 전지전능하게 예측하고 대비할 수 없으니 그 상황을 이끌어가는 리더의 역할, 즉 리더십이 중요할 수밖에 없다는 말이다.

적절한 예가 있다. 프랭클린 루스벨트가 뉴딜정책을 막 밀어붙이고 있던 차에 대법원이 주요 뉴딜 법안에 대해 위헌 판결을 내렸다. 그가 어떤 선택을 하느냐에 따라 뉴딜정책의 명운이 달라지는 순간이었다. 이때 그는 더 강력한 개혁을 선택했다. 예상치 못한 상황에서는 프랭클린 루스벨트와 같은 용기와 결단의 리더십이 중요하다.

또 하나, 감동적인 부분은 이순신의 '두려움 요인fear factor' 관리다. 330척이라는 압도적 물리력 앞에 고작 배 12척으로 버티는 구도에서는 누구라도 주눅이 들고 두렵기 마련이다. 이 두려움을 제어하지 못하면 성패는 보나마나다. 이순신도 탈영자의 목을 베는 강공책을 썼다. 이런 대사가 있다. "우리는 죽음을 피할 수 없다! 정녕 싸움을 피하는 것이 우리가 사는 길이냐? 육지라고 무사할 듯 싶으냐! 똑똑히 보아라. 나는 바다에서 죽고자 이곳을 불태운다. 더이상 살 곳도 물러설 곳도 없다. 목숨에 기대지 마라! 살고자 하면 필히 죽을 것이고 또한 죽고자 하면 살 것이니."

그가 궁극적으로 두려움을 이겨내기 위해 쓴 방법은 두 가지다. 하나는 대장으로서 제일선에서 적의 대군을 당당하게 맞서는 것이었다. 또 하나는 승리하는 것이다. 싸움의 초반 이순신은 담대한 전략으로 기선을 제압한다. 『삼국지』에서 조조가 자신보다 서너 배 많은 병력을 거느린 원소군을 무찌르는 관도대전을 연상케 하는 대목이다. 조조도 초반 게릴라전으로 기선을 제압해 사기를 끌어올림으로써 병력의 열세를 이겨냈다. 마크 트웨인Mark Twain은 "용기는 두려움이 없는 게 아니라 맞서 이겨내는 것이다Courage is resistance to fear, mastery of fear, not absence of fear"고 했다. 이순신은 어떻게 해야 두려움을 이겨낼 수 있는지 정확하게 알고 있었던 셈이다. 영화 〈명량〉은 새정치민주연합이 처한 위기의 본질이 무엇인지 정확하게 말해준다. 새정치민주연합에는 이순신이 없다.

새정치민주연합의 허깨비 논쟁

새정치민주연합은 중앙선거관리위원회에 등록된 당명일 뿐 현장에서는 통상 민주당으로 불린다. 이 당에 세 가지, 즉 새정치와 민주와 연합이 없기 때문에 민주당이라고 부르는 사람도 있다. 대개는 민주당이나 새정치민주연합이나 달라진 게 없기 때문에 이렇게 부른다. 또 가장 익숙한 이름이기도 하다. 많은 나라에서 리버럴liberal 정당은 민주당 또는 민주란 단어가 포함된 당명을 쓴다. 미국의 민주당이 가장 대표적인 예다. 2009년 일본에서 명실상부한 정권 교체를 이루어낸 당의 이름도 민주당이었다.

한국의 민주당은 참 무능하다. 정치는 크게 선거 정치와 일상 정치로 나눌 수 있다. 대충 짚어봐도 2004년 총선 승리 이후 숱하게 치른 선거에서 거의 대부분 패배했다. 패배 친화적 정당 또는 만년 야당이라고 해도 과언이 아닐 정도다. 일상 정치는 어떤가? 128석이란 거대 의석을 거느린 정당임에도 자신들의 정체성에 맞는 정책을 입법화시킨 예가 별로 없다. 부정否定에는 능하나 긍정肯定의 자기 어젠다가 없다. 선거 정치와 일상 정치 모두에서 역사상 이처럼 무능한 정당이 있는지 의문이다.

대개 보수는 전략을, 진보는 논리를 중시한다. 이미 있는 것, 즉 현실의 이익을 지키고자 한다면 고민은 간단하다. 어떻게 지킬지에 집중하면 된다. 어떻게 이길지가 곧 전략이다. 따라서 전략이 우선한다. 이는 보수의 정신이다. 그래서 선거 기술이 뛰어나다. 보수는 이론이든 담론이든 메시지든 '이기는 데 도움이 되는지(승리성, winability)'를 잣대로 판단한다. 진보는 현실과 다른 미래를 꿈꾼다. 현실을 바꾸고자 할 때엔 그 미래에 대한 대안을 논리적으로 따져볼 수밖에 없다. 존재하지 않는 세상이 니 누구도 이렇다 저렇다 단정할 수 없다. 특정 가치를 중심으로 세상을 그려보는 게 진보다. 때문에 '논리적으로 타당성이 있는 지(논리성, logicality)'를 기준으로 평가한다. 보수와 진보의 이런 차이 때문에 보수는 꿈을 가져야 하고, 진보는 삶을 알아야 한다 는 충고를 듣는다.

이런 관점에서 보면 새누리당은 비록 후지기 짝이 없는 보 수긴 하지만 보수답게 처신한다. 반면 새정치민주연합은 형용 사 차원의 평가가 불가능할 정도의 진보이기 때문에 아예 진보 답지 않다고 하는 게 더 적절하다. 지금의 새정치민주연합에는 자신들이 지향하는 미래를 잘 벼린 구상, 흔히 말하는 비전이 없 기 때문이다. 산업화나 민주화처럼 선명한 시대 담론, 즉 어떤 미래를 어떻게 만들어갈 것인지에 대한 설득력 있는 주장 argument이 없다. 경제민주화나 복지 등도 선거 구호나 하나의 정책일 뿐이다. 그런 어젠다들이 포함된 더 큰 틀의 체계적이면 서도 간명한 미래 비전이 없고, 또 그것을 전략적으로 풀어낼 수 있는 정치 기획이 없다.

그러니 새정치민주연합이 반대만을 외치게 되는 것은 사실 자연스런 선택이다. 어디로 갈지 모르니, 자신이 만들어가야 할 세상의 얼개가 없으니 상대방의 선택이 틀렸다고 말할 수밖에 없다. 결국 무능의 결과인 셈이다. 그런데 그 반대조차도 치밀하지 못하고 허술하다. 반대도 제대로 하려면 실력이 있어야 한다. 듣기 좋은 꽃노래도 삼세번이라는 말이 있듯, 고장 난 레코드처럼 계속 같은 후렴구를 반복하면 듣는 사람이 싫증내기 마련이다. 반대도 창조적 아이디어를 발휘해 기발하고 유쾌하고 또 다양한 모습으로 해야 한다. 지루한 형식에, 익숙한 얼굴이 식상한 언행을 반복하니 누가 매력을 느낄까?

　　데이비드 로런스David H. Lawrence의 시구를 떠올려보라. "혁명을 하려면 웃고 즐기며 하라. 소름끼치도록 심각하게는 하지 마라. 너무 진지하게도 하지 마라. 그저 재미로 하라.……획일을 추구하는 혁명은 하지 마라. 혁명은 우리의 산술적 평균을 깨는 절단이어야 한다. 사과 실린 수레를 뒤집고 사과가 어느 방향으로 굴러가는가를 보는 짓이란 얼마나 가소로운가?" 강한 반대라고 해서 장외로 나가 집회를 열고, 단식하는 따위만 생각해서는 곤란하다. 그런 방식으로는 스마트폰 시대의 창의적 개성을 효과적으로 담아내지 못한다. 대중적 에너지나 열망은 그렇게 해서는 추동되지도, 조직화되지도 않는다. 의미에 짓눌린 엄숙보다는 재미있는 '발랄한 일탈'이어야 한다.

새정치민주연합 내의 노선 투쟁은 선명 야당 대 대안 야당, 진보 대 중도의 갈등으로 나타난다. 어떤 정당이든 다른 정당과의 경쟁에서 이기려면 차별화가 불가피하다. 특히 야당이라면 더더욱 그렇다. 여당과 비슷하면 굳이 야당에 기회를 줄 리 만무하다. 다른 해법이 있다고 설득을 해야 유권자가 '그럼 너희들이 한번 해봐' 하며 기회를 줄 것이다. 정당 간에 차별화가 되지 않으면 부득불 인물 경쟁으로 갈 수밖에 없다. 같은 값이면 다홍치마라고, 정책이 비슷하면 인물이 뛰어난 쪽을 선택하기 때문이다. 그런데 정책 차별화를 포기하고 인물 경쟁에 나서는 전략은 이른바 '기울어진 운동장'에서 뛰는 약자에겐 맞지 않는 옷이다. 보수 언론 등이 나서서 인물 경쟁력을 조작manipulation하기 때문이다. 따라서 오직 여당이 엄청난 실정을 해서, 그로 인해 '묻지 마 바꿔' 열풍이 불기만 기다려야 한다. 천수답 농부가 가뭄에 하늘만 쳐다보는 꼴이다.

마침내 이런 결론이 나온다. 한국에서 진보를 표방하는 정당 또는 비非보수정당은 정책 차별화를 근간으로 삼는 전략을 선택해야 한다. 선명하게 반대하기 위해서라도 대안을 갖고 전락에 임해야 한다는 말이다. '저것은 틀렸다'에 그칠 게 아니라 '저렇게 하면 어떠어떠한 문제가 있으니 이렇게 해야 한다'는 논법으로 가야 한다. 선명 야당 대 대안 야당의 논쟁은 같은 이야기를 하면서 서로 옳다고 우기는 벙어리 다툼과 다름없다. 진보 대 중도의 대립도 허구다. 새정치민주연합이 진보정당이라면 진보정책을 선거의 어젠다로 제시해야 한다.

그런데 2014년 6·4 지방선거도 그렇고, 2014년 7·30 재·보궐 선거도 그렇고, 새정치민주연합은 선거에서 자신들이 추구하는 진보정책을 선거 어젠다로 제시한 바가 없다. 2010년 지방선거에서 제시한 무상급식이 유일한 예외다. 선거에서 제시된 진보정책 때문에 선거에 졌다고 하는 중도 주창자들의 주장도 엉터리다. 제시된 선거 쟁점이 된 진보정책이 없는데 어떻게 그것 때문에 지는가? 중도를 말하려면 그들 또한 중도의 정책이 무엇인지 구체적으로 손에 잡히게 말해야 한다. 새정치민주연합 내에서 작동하는 대립 구도는 당권파와 비당권파 또는 주류와 비주류 간의 권력투쟁일 뿐이다. 나머지는 다 허상이다.

1등 만들기가 아니라 2등 지키기

새정치민주연합 내에는 모두가 동의하는 합의가 존재한다. 바로 반사이익에 기대는 반대 노선이다. 야당이 영어로 오퍼지션 파티opposition party라고 부르는 데서 알 수 있듯이 야당은 반대를 주 임무로 한다. 그런데 반사이익에 기대는 반대 노선('반반' 노선)으로는 다수파 형성이나 권력 장악이 어렵다. 집권 세력의 실정이 '묻지 마' 거부 정서를 낳거나 무조건 야당을 찍을 정도로 대세가 되는 경우가 거의 없다. 이것이 첫 번째 약점이다. 민주 정부 10년의 결과로 얻은 불신discredit 때문에 현 집권 세력에 대한 불만discontent이 응징으로 나타나기도 쉽지 않다. 고통보다 불안이 큰 위협이다. 새누리당은 사람들을 고통스럽게 하지만 새정치민주연합은 불안하게 한다.

두 번째 약점은 고정 지지층의 규모에서 열세인 정치 지형이다. 투표 의지가 강하고 충성심도 높은 고정 지지층에서 현재의 여당은 야당을 압도하고 있다. 역사적으로 형성된 영남과 보수 유권자의 덩치가 워낙 크기 때문이다. 투표율이 낮은 재·보궐 선거에서 으레 새누리당이 초강세를 띠는 이유도 여기에 있다. 여기에 더해 2002년 대선 이후 점차 극성을 띠는 양극정치

polar politics와 진영 대결로 인해 여당 지지층의 이완이 더딜 수밖에 없다. 진영 대결이 구조화되면 유권자들도 편이 나뉘고, 그에 따라 진영 논리에 묶일 수밖에 없다. 이때는 다수파 진영이 유리하기 마련이다. 따라서 지금 새정치민주연합이 취하고 있는 반반 노선은 기껏해야 2등 지키기의 소수파 전략이다.

소수파가 다수파가 되려면 현재의 소수와 다수를 가르는 구분을 무의미하게 만들어야 한다. 다시 말해, 새로운 구분으로 진영을 새롭게 나누어야 소수파 신세를 면할 수 있다는 말이다. "대안의 정의는 갈등의 선택을 의미하고 갈등의 선택이 권력을 배분하기 때문이다. 대안의 정의야말로 최고의 권력 수단이다 The definition of alternative is the supreme instrument of power"라는 샤츠슈나이더의 말도 같은 뜻이다. 현재의 구분선divide line이나 갈등이 지역·세대·북한이라면 이를 대체할 구분선은 계층·경제·복지여야 한다. 문제는 현재의 새정치민주연합이 대안을 정의하거나 대체 구분선을 만들어낼 능력이 없다는 점이다.

반반 노선의 질긴 생명력은 낡고 취약한 리더십 때문이다. 새정치민주연합에는 강한 리더십이 존재하지 않는다. 그것은 강한 리더십을 낳는 치열한 경쟁이 없기 때문이다. 리더를 지향하는 이들이 서로 다른 비전과 구상을 내걸고 당원과 시민의 여망을 조직화해내는 '밑으로부터의' 리더십 경쟁이 사라진 지 오래다. 2003년 열린우리당 창당의 주역은 김원기·이해찬 등 친노 그룹과 정동영·천정배·김한길·신기남·정세균 등 소장 그룹(바른정치연구모임)이었다. 그 이후 지금까지 당은 이들에 의해 주도되어왔다. 노선·정책·전략도 변하지 않고 그대로 계승되고 유지되었다. 그 인물에 그 노선이니 이를 일컬어 '03년 체제'라 할 수 있다. 2002년 대선에서 승리한 이후 치열한 고민과 갈등 끝에 '03년 체제'를 만들어냈지만 선거 승률, 정당 지지율, 유권자 재배열realignment 등에서 심각한 한계를 노출했다. 10여 년 지속되고 있는 이 체제는 2004년 총선과 2010년 지방선거 승리 외에는 각각 두 번의 총선과 대선 등 무던히도 많은 패배를 낳았다. 야당의 '03년 체제'는 2007년 대선 완패, 늦어도 2008년 총선 참패 후 마땅히 혁파되었어야 했다. 새로운 노선과 정책, 새로운 리더십이 등장하는 일대 혁신은 패배한 정당의 당연한 선택이었다. 그게 물리적 이치에도 맞다.

'03년 체제'의 또 다른 특징은 당원 없는 정당이다. 원내 정당, 온라인 정당을 지향했기 때문에 당원은 사실상 사라지고 투표권자만 남았다. 단순히 당직자나 공직 후보자를 선출하는 투표권을 가진 존재가 당원의 역할과 정체성의 전부가 아니다. 당원은 당과 유권자를 연결하는 제도적 통로다. 당의 지향을 결정하는 원천이자 리더십을 길러내는 물이다. 이런 당원들이 자기역할의 존재감을 잃고 투표권자로 전락하고 말았다. 주로 무분별한 참여 확대와 모바일 투표 때문이다. 당원의 구성이 특정 지역과 특정 연령대에 과다 분포되어 있다면, 이를 교정해야지 당원을 무력화하는 게 답은 아니다. 당원이 무력화되니 당권 다툼도 밑으로부터의 리더십 경쟁이 아니라, 국회의원을 비롯한 당의 상층 구성원들의 이합집산과 타협으로 형해화되고 말았다. 그래서 자해적 정당 개혁이라는 말이 나오는 것이다.

총선과 대선 연패가 두 차례나 있었는데, 그 패배 후에도 야당에선 새로움이 낡음을 대체하려는 치열한 시도, 즉 세대 교체의 시도가 거의 보이지 않았다. 1980년대 학생운동 출신의 당내그룹이 심각하게 반성해야 할 대목이다. "386이 486을 지나586으로 접어들었건만 무얼 남겼는지 기억이 희미하다. 찬란했던 숭고함은 어디 가고 따분한 무능으로 허벅지 살만 불렀다. 이정현의 반만 공부했더라도 지금 누구 하나쯤은 정책통이라는소리를 들을 법하건만 눈을 씻고 찾아봐도 없다. 진보를 외치고는 있지만 가난하고 힘없는 사람들이 진정 자신의 문제로 여길만한 구호 하나 만들어내지 못하고 있다. 낡은 체제를 허물어보겠다는 담대함도 느껴지지 않는다."● 『한겨레』 논설위원 김의 겸의 이 지적은 전적으로 옳다. 이들뿐만 아니라 모두가 침묵하 면서 단지 운이 없어서 패배했다는 식의 수습을 반복했다.

신선함도 비전도 없는 인물들이 번갈아 대표직을 맡고, 으 레 하던 대로의 낡은 대응을 반복하면서 임시 미봉에 만족했다. 그 결과 무능은 갈수록 깊어졌다. 지도부 퇴진→비대위 구성→ 전당대회의 수습 공식은 수차례 반복되었지만 반짝 상승 외에 달라진 것은 아무것도 없었다. 친노 대 비노의 퇴행적 갈등 구도 는 굳건하게 유지되었다. 친노 대 비노의 진영 대결은 돌부처도 돌아앉게 할 정도의 꼴사나운 드잡이 행태를 비호하는 숙주였 고, 새 인물의 등장을 막는 방벽이었다. 민주정부 10년이 정권 을 내주는 것으로 끝났으면 새로운 시대 담론과 그에 부응하는 인물과 전략을 제시하는 것은 상식이다. 당의 성장 지체와 발달 장애의 실례가 안철수의 느닷없는 등장과 정치 신인 문재인의 대선 후보 선출이고, 2002년 대선 전략을 그대로 베껴 치른 2012년 대선이다.

●김의겸, 「이정현과 486」, 『한겨레』, 2014년 8월 6일.

새정치민주연합은 죽는 것이 사는 것이다

"야당은 2007년 대선 때 완전히 무너졌다. 그 잔해를 모아 2012년 대선까지 억지로 끌고 왔지만 숨이 멎은 지 오래다. 이걸 끌고 다음 대선까지 가는 건 좀 생각해봐야 한다. 야당은 이명박 정부 때의 80석에서 130석까지 성장했다. 정권 후반기로 갈수록, 대선이 다가올수록 지지율이 오른다. 박근혜 정권 중반을 넘어서면 이 현상이 또 나타날 것이다. 죽기는커녕 점차 살아나는 것 같다. 1806년 런던에서 한 교수가 여섯 시간 전 교수형 당한 이를 살려내는 실험에 성공했다고 해서 언론이 요란하게 보도한 사건이 있었다. 그는 죽은 이에게 전기를 흐르게 했다. 그러자 턱이 떨리기 시작했고, 턱 근처의 근육이 뒤틀리더니 왼쪽 눈이 떠졌다. 당이 살아나는 것처럼 보이는 건 정권의 무능이 전기 충격처럼 야당의 죽은 근육을 자극했기 때문이다. 설사 목숨이 붙어 있다 해도 보수정권의 실정과 무능에 의존해 생존하는 식물정당일 뿐이다. 이런 생존 대가로 야당은 보수정권의 어지러운 거실을 가리는 화초 노릇을 해준다. 반쯤 주저앉은 정권과 죽은 정당이 서로를 지탱해주는 파국적 균형이다."● 『경향신문』 논설위원 이대근의 통렬한 분석이다. 이 파국적 균형을 깰

●이대근, 「흔들리는 것은 바람도, 깃발도 아니다」, 『경향신문』, 2014년 8월 7일.

리더의 부재가 새정치민주연합이 처한 위기의 본질이다.

지금 야당에는 위기의식이 없다. 오히려 국회의원들에게는 사뭇 '행복한' 구도다. 안철수 세력이 민주당 밖에서 큰 세력을 형성하고 존재할 때는 불안하고 초조했다. 야권의 표가 민주당과 안철수당으로 나뉠 수밖에 없기 때문이다. 그런데 이제 안철수 태풍은 해소되었다. 아니 안으로 불러들여 성공적으로 진압했다. 이순신을 모함하고 핍박한 선조와 그 일당을 닮았다. 어떤 점에서 2014년 6·4 지방선거와 7·30 재·보궐 선거에서 안풍安風이 해소되었으니 무엇보다 재선을 교의로 삼는 야당 국회의원들로서는 나쁘지 않은 결과다. 게다가 정의당 등 진보정당의 지지세도 미미하다. 이들 군소정당은 2016년 총선에서 존폐의 기로에 설 전망이다.

현재의 상황이 그대로 총선까지 이어진다면 사실상 새누리당 대 새정치민주연합의 1 대 1 구도로 선거가 치러진다. 박근혜 정부 종반에 치러지는 선거이니 대체로 야당이 유리하기 마련이다. 이런 구도에서 새정치민주연합 국회의원들이 위기의식을 갖기란 만무하다. 숱한 특권에 국민 세금으로 주어지는 국고 보조금까지 감안하면 집권을 마다할 이유까지야 없지만 그렇다고 집권에 목을 맬 까닭도 없다. 과한 추론일까?

위기보다 위기의식이 없는 게 큰 문제라고 했다. 참여정부 시절 정책실장을 지낸 국민대학교 김병준 교수의 '진 것이 아니라 버림받았다'는 진단은 옳다. "그래서 말한다. 왜 졌느냐 묻지 마라. 어찌하면 다음에 이길 수 있을까도 묻지 마라. 지도부의 공천이 어떠했느니, 투표율이 어떠했느니 따위는 입에 올리지도 마라. 버림받은 몸에 이기고 지고가 무슨 의미가 있겠나. 지금이라도 제대로 물어라. 왜 버림받게 되었는지를 물어라. 이기고 지고에만 연연했던 자신의 모습이, 또 버림받은 줄도 모르고 국민 운운하며 고개를 들고 다녔던 날들이 날카로운 송곳이 되어 폐부를 뚫고 들어올 때까지 묻고 또 물어라. 진보 개혁을 표방하는 정당의 생명력이 어디에 있는지 아는가. 국민을 꿈꾸게 하는 데 있다. 현실에 대한 새로운 해석으로 설득력 있는 비전과 대안을 만들고, 이를 통해 보다 나은 세상을 기대할 수 있게 하는 데 있다. 꿈을 만들고, 팔고, 또 실현시킬 수 있어야 한다는 말이다. '진보 개혁 쪽에 그런 능력이 없을 때 사람들은 익숙한 곳, 즉 보수 쪽을 향한다.' 『자본주의 4.0』을 쓴 아나톨 칼레츠키의 말이다. 그래서 진보 개혁 쪽은 보수 쪽보다 어렵다. 전자는 새로운 것을 만들어 팔아야 하지만, 후자는 이를 부정하게 만들기만 하면 된다. 진보 개혁 쪽이 보수 쪽의 전략을 따라가서는 안

되는 이유이자, 역사와 현실 앞에 더 진지해야 하는 이유이다."●

덧붙이자면, 막연한 낙관은 패배를 내면화한 절망적 현학이다. 10년 주기로 보수와 진보가 정권을 주고받는다는 주장은 허튼소리다. 서너 차례는 반복되어야 주기라 부를 수 있다. 달랑 10년 집권한 게 전부인데 무슨 주기인가. 문재인, 박원순, 안철수 등의 존재 때문에 야권이 인물 경쟁력에서 더 낫다는 생각도 착각이다. 보수가 김대중, 노무현, 안철수 등 야권의 대표 선수들에게 얼마나 집요하고 치밀하게 공세를 퍼부었는지 생각해보면 위험한 낙관일 뿐이다.

지금 이 순간 어떤 초인이 등장해 새정치민주연합을 살리는 길은 없다. 초인이 있기라도 한다면 그의 역할은 새정치민주연합을 죽이는 것이다. 낡은 야당을 완벽하게 허물어야 한다는 말이다. 구세주가 나와 당을 정비하는 게 아니라 대중적 열망으로 당의 앙시앵 레짐ancien régime(낡은 체제)을 허물고 새로운 리더십을 만들어내는 거대한 변혁great transformation이 답이다. 미국의 민주당이나 영국의 노동당, 독일의 사민당 등 다른 나라의 패배한 정당이 그랬듯 아주 긴 시간의 고통스런 혼돈을 거쳐야 한다. 그래야 새로운 질서가 탄생한다. 이 과정에서는 대권 후보들을 비롯해 차세대 주자들이 각자 새로운 노선과 전략의 깃발을 들

● 김병준, 「국민은 당신들을 버렸다」, 『동아일보』, 2014년 8월 5일.

고 치열하게 경쟁해야 한다. 이 경쟁은 국회의원 등 당의 상층부가 주도하는 합종연횡合從連橫이 아니라 당원 대중과 시민이 참여하는 '사회적 재편'이 되어야 한다. 그래야 계파주의도 극복되고, 기율이 바로 선 강한 정당이 세워진다. 지금 필요한 것은 조속한 질서 회복이 아니다. 혼돈의 조직화다. 경쟁력과 지속가능성을 갖춘 새로운 대안 체제의 성립은 그 결과다.

새정치민주연합은
왜
선거마다
패배하는가?

새정치민주연합이 패한 이유

새정치민주연합은 정말 패배에 이골이 난 정당이다. 영국의 알
렉스 캘리니코스Alex Callinicos 교수가 "오늘날 좌파의 가장 큰 문
제점 중 하나는 패배의 경험을 내면화한다는 것"이라 했는데,
지금의 새정치민주연합에 딱 들어맞는 말이다. 선거에서 언제
이겼는지 기억조차 가물가물할 정도로 일상적으로 졌다. 아무

이철희의 정치 썰전

리 기울어진 운동장이라고 해도 이건 좀 심하다. 이처럼 패배가 당연시되면 지지층이 표를 던지는 것도 쉽지 않은 선택이 된다. 유권자로서 어느 정당에 표를 던지는 게 불편할 때 그 정당은 패배뿐이다. 새정치민주연합에는 표를 주어야 할 이유를 찾기도 쉽지 않지만, 설사 줄 마음이 들더라도 표를 주었을 때의 효용도 의심스럽다. 또 패배할지 모른다는 불안감이 드는 정당에 지지층이 모일 리 없다. 결국 이런 정당은 만년 야당이 되기 십상이다. 새정치민주연합은 왜 이렇게 매번 질까?

"표를 세는 것은 긴 과정의 마지막 세리머니다." 안토니오 그람시Antonio Gramsci의 말이다. 이 명제에서 두 가지 메시지를 읽을 수 있다. 우선, 선거 결과는 선거 캠페인에 좌우되는 게 아니라는 사실이다. 선거에 임박해 아무리 효율적인 캠페인을 펼쳐도 한계가 있는 것은 사실이다. 물론 한쪽은 능수능란하고 한쪽은 지리멸렬한 캠페인을 했다면 그것 때문에 성패가 달라질 수도 있다. 그러나 그런 경우는 거의 없다. 대체로 선거는 캠페인이 아니라 '선거 전pre-election' 정치가 더 결정적 변수다.

2015년 4·29 재·보궐 선거와 관련해 문재인 대표는 선거 전 정치에서 리더십을 발휘하지 못했다. 무기력했다. 어쩌면 재·보궐 선거에 대한 책임에서 벗어나고자 하는 명분 쌓기에 집중했다는 비판마저 가능할 정도로 소극적이다. 지난 2012년 대선에서 박근혜 대통령과 맞섰던 경험 때문에 야권 지지층의 자연스런 결집을 유도하는 스타십을 발휘하긴 했지만, 새정치민주연합을 대중적 열망에 부응하는 정당으로 탈바꿈시키는 리더십을 발휘하지는 못했다. 당직 인사에서 계파 안배로 내부 갈등을 미봉하는 데 그쳤다. 유능한 경제정당론으로 프레임시프트frame shift를 이루어내려 했으나 콘텐츠의 부족으로 한계를 노출했다. 정당 개혁과 정치 개혁의 플랜을 제시하지 못한 채 대선 후보로서 개인적 지지율 상승에 안주하는 모습을 보였다. 이런 구도로 핵심 지지층의 높은 투표율에 기초해 새누리당이 압도적 우위를 누리는 재·보궐 선거에서 승리하기란 애당초 쉽지 않았다.

새정치민주연합은 캠페인에서도 새누리당에 비해 현격한 실력 차이를 드러냈다. 캠페인의 시작이 바로 후보 공천이다. 문재인 대표는 재·보궐 선거 공천에서 경선 원칙을 적용했다. 그 결과 경쟁력이 떨어지는 후보가 선택되었을 뿐만 아니라 야권의 분열을 초래했다. 문재인 대표가 경선을 통한 후보 결정 방식을 택한 것은 민주주의에 대한 오해 또는 무지 때문이다. 경선이 민주적이라는 생각이다. 민주주의는 그것이 근사하고 폼 나서 하는 게 아니다. 민주주의는 이 제도를 통해 사회경제적 약자, 다수에게 실질적인 도움을 줄 수 있기 때문에 필요하다. 다른 어떤 제도보다 민주주의가 서민들에게 권한과 이익을 가져다주기 때문에 민주주의가 소중하다는 의미다. 그런데 이처럼 다수를 위한 민주주의는 경쟁적 정당 체제를 통해 구현된다. 즉, 사회경제적 약자를 대변하는 정당이 선거에서 승리해 권력을 쟁취해야만 이들을 실질적으로 도울 수 있다. 선거에서 승리하기 위해 가장 최적·최강의 후보를 내세우는 것이 본질이지 경선이냐 아니냐 하는 것은 부차적이다. 경선에 의해 본선 경쟁력이 떨어지는 후보가 뽑히는 경우가 적지 않은 게 현실이다.

좋은 후보를 선별하는 과정은 여러 가지다. 경선이 지고지순의 가치가 아니다. 개인적 연고 때문에 판단이 흔들리지 않는다면 지도부의 발굴이나 전략적 선택에 의해 좋은 후보가 뽑힐 가능성이 더 높다. 경험적으로 보면 경선보다 전략공천이 좋은 정치인을 많이 배출해왔다. 지금 야당을 이끄는 정치인들은 대부분 전략공천으로 들어왔다. 심지어 문재인 대표도 바닥에서부터 경선을 거쳐 성장한 게 아니다. 경선이 절대선이라는 관념은 선거에서 유해한 영향을 끼친다. 약한 후보가 뽑히기 쉽고, 경선에서 진 후보가 선거를 돕지 않는 등의 후유증이 불가피하기 때문이다. 실제로 문재인 대표는 경선 신화에 함몰되어 결국 약한 후보들을 공천했고, 이것이 빈틈을 제공해 마침내 야권 분열로 이어졌다. 광주 서구을에서 천정배 후보가 무소속으로 출마하고, 서울 관악을에서 정동영 후보가 국민모임으로 출마했다.

새정치민주연합의 핵심 기반은 호남이다. 그 호남 유권자들이 심리적 공허감을 느끼고 있다. 호남 출신의 유력한 대선 후보도 없고, 2015년 2월에 있었던 전당대회에서도 호남 출신의 박지원 의원이 패배했다. 후보가 없는 것도 문제지만 대선에서는 호남불가론이 득세한다. 호남 출신으로는 영남의 지지를 받지 못하기 때문에 원천적으로 안 된다는 논리다. 이 논리의 적정성 여부는 둘째치고 호남 유권자로서는 답답하기 마련이다. 게다가 호남의 절대적 지지로 만들어낸 참여정부에서 호남을 홀대하는 모습을 보였다. 김대중 전 대통령의 이른바 대북 송금 관련 특검을 노무현 전 대통령이 수용했고, 인사에서도 호남보다는 부산·경남 출신이 득세했다. 그 결과 호남에서 친노에 대한 반발 정서가 형성되었다.

이런 점을 감안하면 4·29 재·보궐 선거에서 문재인 대표는 호남 정서를 배려하는 공천을 했어야 했다. 그런데 문재인 대표는 경선을 빌미로 호남을 홀대했다. 수도권에서 호남세가 강한 지역으로 유명한 서울 관악을에 영남 출신의 정태호 후보를 공천했다. 호남세가 강한 곳에 충청 출신의 이해찬 의원이 5선을 한 데다, 호남 출신으로 이 지역 국회의원을 지낸 김희철 전 의원이 경선에서 패배했다. 서울 관악을에 거주하는 호남 출신 유권자들이 열패감을 느끼는 것은 당연했다. 이 틈을 정동영 전 의원이 파고들어 출마한 것이다. 2015년 2월 전당대회에서 문재인 대표는 호남 출신의 박지원 의원과 박빙의 접전을 펼쳤다. 전당대회 후에도 박지원 의원은 호남을 무기로 문재인 대표에게 적지 않은 부담을 안겼다. 그렇다면 호남을 대표하는 다른 정치인을 육성하는 선택, 예컨대 천정배 전 의원을 전략공천하는 것도 필요한 카드였다. 그럼에도 문재인 대표는 이런 구도와 흐름을 무시하고 그저 그런 조영택 후보를 공천했다. 천정배 전 의원에게 운신의 폭을 활짝 열어준 셈이다.

문재인 대표는 성완종 리스트 파문을 선거 호재로 활용하는 데도 무능했다. 부패 이슈로 새누리당 지지층의 이완을 이끌어내지도 못했고, 2007년 말에 있었던 성완종 회장 특별사면 건으로 되레 역공을 당했다. NLL 국면에서 보였던 판단 착오가 재연되었다. 성역 없는 수사를 요구하면서 야당조차도 성역이 아니라는 점을 분명히 하면서 전면적인 정치 개혁을 선도했더라면 상황은 많이 달랐을 것이다. 특별사면에 대한 정치적 책임을 인정하고, 그 경위를 소상하게 밝혔어야 했다. 문재인 대표는 계속 부정이 없었다는 말만 반복할 뿐 여당의 물타기를 차단할 상황 설명은 하지 않았다.

안토니오 그람시의 명제가 던지는 또 하나의 메시지는 하나의 선거는 또 다른 과정의 시작일 수 있다는 것이다. 표를 세는 것은 긴 과정의 첫 세리머니라는 이야기다. 선거 패배를 어떻게 받아들이는지에 따라 다음 선거의 결과가 많이 달라진다. 왜 패배했는지를 정확하게 짚어야 하고, 그에 상응하는 적절한 조치를 해야 한다. 패배의 원인을 정확하게 진단하는 것은 사실 불가능하다. 또 원인에 딱 들어맞는 해법을 찾기도 어렵다. 따라서 원인 진단과 해법 모색은 다소 '과장되고 거칠게' 하는 것이 불가피하다. 새정치민주연합은 빈틈없이 깨알같이 패배했다. 그런데 문재인 대표가 패배 직후 밝힌 입장을 보면 대표직 사퇴는 없다는 것 외에 책임지는 내용이 없다. 상황 인식이 안이하고 허술하다. 새로운 시작의 결기가 보이지 않는다. 4·29 재·보궐 선거 패배는 2016년에 있을 4·13 총선 패배의 첫 세리머니일 수 있다.

새정치민주연합을 약한 정당으로 만드는 요인들

새정치민주연합이라는 정당을 약하게 만들고, 선거 때 패배에 익숙하게 만든 원인은 다양하다. 먼저 민주주의에 대한 무지다. 민주주의가 정치적인 현실로 나타나는 형태는 간단하다. 민주주의는 1인 1표의 시스템에 의한 정치를 통해 시장의 불평등한 권력관계를 보정하는 것이다. 즉, 진보정당이 보수정당과 경쟁에서 다수majority를 획득해 사회경제적 약자를 위한 정책을 펼칠 수 있는 체제다. 한 사람 한 사람의 유권자가 직접 모든 사안에 목소리를 내고, 의사 결정에 참여해 직접 결론을 내는 것이 아니다. 이것은 산술적 다수주의에 불과하다. 약자나 다수를 위한 민주주의는 현실적으로 강한 진보정당의 존재를 전제로 한다.

그 정당이 집권해야 그들을 실질적으로 대변할 수 있다면, 사회경제적 약자를 대변하는 정당은 선거에서 승리할 줄 아는 정당이어야 한다. 강한 정당은 선거에서 승리하는 정당이라는 이야기다. 선거에서 승리하기 위해서는 정당이 하나의 팀이 되어야 한다. 하나의 팀이라고 하면 유기적인 시스템으로 움직여야지 개개인이 멋대로 움직여서는 안 된다. 정당의 구성원이 시도 때도 없이 자기 멋대로 말하고, 당의 기율에 제약도 받지 않는다면 그것은 팀이 아니라 오합지졸의 무리일 뿐이다.

새정치민주연합의 국회의원들은 소신대로 말하고, 제멋대로 행동하는 것이 민주적인 태도인양 착각하고 있다. 이는 태도 자체도 민주주의에 부합한다고 할 수 없지만, 더 심각한 것은 결과적으로 민주주의가 사회의 다수를 이루는 약자들의 삶을 개선하는 데 기여하지 못하게 만든다는 사실이다. 미국 정치학자 제임스 윌슨James Q. Wilson의 말대로, 정당이 유권자에게 의미 있는 선택이 되기 위해서는 그 구성원들의 행동을 강제할 수 있어야 한다. 리더십을 부정하고, 권위를 인정하지 않는 것을 소신으로 삼을 수는 있다. 그러나 반리더십, 반권위가 민주주의와 무관하다는 사실은 인정해야 한다.

진보와 보수는 각자의 선택이다. 옳고 그름의 문제는 아니다. 그런데 새정치민주연합은 진보를 표방하고 있다는 이유만으로 보수를 틀렸다고 본다. 보수와 진보는 다를 뿐 누가 맞고 누가 틀린 건 아니다. 지난 2012년 대선에서 보듯이 '어떻게 독재자의 딸을 찍을 수 있느냐?'는 식의 태도는 도덕적 우월감의 비뚤어진 표출일 뿐이다. 옳고 그름의 이분법에 기초해 정치나 선거에 임하기 때문에 실력으로 승부하려는 생각이 별로 없다. 우리가 옳으니 그냥 따르라고 할 따름이다. 스스로 실력을 기르지 않게 되고, 유권자에게는 강요를 하게 된다.

이러한 신념 정치는 어떻게 해서든 이기기만 하면 되는 권력 정치와 함께 정치의 양극단을 이룬다. 이런 자세는 보통의 시민을 권력이나 주권을 가진 유권자, 또는 주권자로 보지 않는 것이나 다름없다. 정당이 서로 다른 대안을 내놓으면 결론은 유권자가 내는 것이지, 정당이나 정치인이 결론을 내릴 수는 없다. 새정치민주연합은 내가 옳고 정의의 편이라는 생각을 버려야 한다. 그래야 열심히 실력을 키우고, 유권자의 이해와 요구에 민감하게 반응하고, 성과로 책임지려고 노력하게 된다. 어떤 경우에도 진보의 기치가 무능과 게으름을 숨기는 방편이 되어서는 안 된다.

아이러니하게도 자신이 옳다는 확신이 강하면 강할수록 어떻게 해서든 설득하고, 그럼으로써 반드시 이겨야겠다고 하는 절박성이 떨어지기 마련이다. 반대로 모자라고 약한 구석이 있다고 자책해야 조심하고 어떻게 해서든 잘 보이려고 노력한다. 영국 역사가인 액턴 경Lord Acton은 "절대 권력은 절대 부패한다 Absolute power corrupts absolutely"고 했는데, 비유하자면 절대 확신은 절대 경직되기 쉽다. "순수한 신념에서 나오는 행위가 나쁜 결과를 가져온다 하더라도, 이들은 그 책임을 자신의 행위가 아니라 세상의 책임이자 타인들의 어리석음 또는 인간을 어리석도록 창조한 신에게 돌린다." 막스 베버의 이 말은 새정치민주연합의 정치인들에게 하는 말처럼 들린다. "세상의 그 어떤 윤리도 피해갈 수 없는 사실은, 선한 목적을 달성하기 위해 많은 경우 우리는 도덕적으로 의심스럽거나 위험한 수단을 택하지 않을 수 없으며, 부작용이 수반될 가능성 또는 개연성을 감수할 수밖에 없다는 것이다. 또한 윤리적으로 선한 목적을 갖는다고 해서 그것이 윤리적으로 위험한 수단과 부정적 결과를, 언제 그리고 어느 정도 정당화해줄 수 있는지를 가리켜줄 수 있는 그 어떤 윤리도 세상에는 없다." 이어지는 막스 베버의 충고다.

새정치민주연합은 지난 2012년 대선에서 행해진 국정원의 대선 개입에 줄기차게 매달렸다. 정보기관의 대선 개입은 국기문란의 행위다. 어떤 경우에도 합리화될 수 없는 부정이다. 그런데 그처럼 중요한 사건에 국민들이 '들고 일어나지 않는 것'에 대해 새정치민주연합은 당황했다. 이른바 성완종 리스트 파문이 터져도 유권자, 특히 야권을 지지하는 유권자가 4·29 재·보궐 선거 때 투표장에 적극 나오지 않은 현상에도 그들은 당황스러워했다. 상대가 잘못하고, 그를 악마로 지목하기만 하면 유권자들이 분노의 응징 투표에 나설 것이라고 생각하는 것부터가

짧은 생각이다. 악마화와 음모론은 무지를 숨기는 변명이자 위험한 자위自慰다. 사태의 본질을 정확하게 규정하고, 상대방의 그것과 차별화되는 해법을 선명하게 제시하는 등 유권자가 투표 동기를 갖게 만드는 것은 정당의 몫이다. 앤서니 다운스 Anthony Downs의 말대로, "정당이 문제의 프레임을 설정하고, 이슈를 정의해야 한다The parties frame the question and define the issue". 이런 역량에서 새정치민주연합은 정말 무능하고 게으르다.

새정치민주연합은 국회의원이라는 자영업자의 프랜차이즈 정당이라 할 수 있다. 국회의원들의 느슨한 연합체로서 정당은 대중정당이 등장하기 전의 의회-선거정당과 다름없다. 선거 때 통일된 기호를 부여하고, 특정 정당을 지지하지 않는 유권자들을 담아내는 그릇 정도에 불과하다. 새정치민주연합이 이처럼 의회-선거정당으로 전락하게 된 원인 중 하나가 비당원에게 투표권을 부여한 것이다. 당원이 아니더라도 공직 후보나 당직 선출 시에 투표권을 줌으로써 당원과 비당원의 차이를 없애버렸다. 어떤 조직이든 구성원에게 특별한 권리와 혜택을 줄 때 유지된다. 회원에게 부담만 지우고, 의사 결정할 때 비회원과 동일하게 취급한다면 그 조직은 유지될 수 없다. 새정치민주연합이 비당원의 참여를 유도하면서 결과적으로 당원의 정체성(소속감)

과 활동성을 결정적으로 약화시켜버렸다. 새정치민주연합은 당원, 풀뿌리 조직이 움직이지 않는 식물정당이다.

당원은 당과 시민사회를 연결하는 채널이다. 당원이 당의 입장을 시민사회에 전달하고, 시민사회의 요구를 당에 피드백하는 것이다. 그런데 이 채널이 작동하지 않으니 정당으로서는 부득불 대중매체에 의존할 수밖에 없다. "만일 미디어가 만들어내는 의사 사건들이 가난한 사람들의 시선을 절망이 아닌 다른 데로 돌릴 수 있다면……초일류 부자들은 거의 아무것도 두려울 게 없을 것이다." 철학자 리처드 로티Richard Rotty의 통찰이다. 시민사회와 소통하는 독자적인 네트워크, 풀뿌리 조직 없이 미디어에 전적으로 의존하게 되면 결국 그들이 인도하는 데로 끌려다니게 된다. 당원을 통해서가 아니라 미디어를 통해 유권자와 소통하는 진보정당이 대중적 열망과 투표 열기를 이끌어내기는 대단히 어렵다.

새정치민주연합은 끊임없이 지도부를 교체해왔다. 크든 작든 선거에서 패배하기만 하면 어김없이 끌어내렸다. 상당한 기간의 임기와 권한 없이 패배하는 정당을 개혁하기란 불가능하다. 그런데 4~5년 단위의 총선과 대선이 아니라 1년에 두 번 치르는 재·보궐 선거에서 지면 물러나야 하는 대표라면 어떤 선택을 해야 할까? 하나는 어떻게 해서든 이기는 길을 찾는 것이고, 또 하나는 책임지지 않을 명분을 찾아내는 것이다. 이기려고 노력하는 것은 필요하고 좋은 일이다. 그렇다고 해서 모든 게 허용되는 것은 아니다. 한계가 있어야 한다. 그렇지 않으면 파국을 초래한다. 광주에 출마를 선언한 후보를 서울 지역으로 차출함으로써 야기된 2014년 7·30 재·보궐 선거의 서울 동작을 파동이 좋은 예다. 이 선거에서 11 대 4 참패는 이 서울 동작을 파동에서 비롯되었다고 해도 과언이 아니다. 선거 전망이 불투명할 때에는 면피 전략을 쓴다. 2015년 4·29 재·보궐 선거에서 문재인 대표가 이런 전략을 썼다. 경선을 핑계로 경쟁력 있는 후보를 공천하지도 않았고, 야권표의 분산을 초래했다. 선거 결과에 책임지지 않으려는 알리바이로서 경선을 선택했다는 의혹을 지울 수 없다.

새누리당에는 다수파 자부심majority pride, 새정치민주연합에는 소수파 열등감minority complex이 있는 듯하다. 한 사회의 다수파로서 대부분의 선거에서 승리할 수 있다는 자신감이 바로 다수파 자부심이다. 구조적 열세에 빠져 있는 세력이 하도 지다 보니 이기는 방법을 찾기보다 남 탓을 하는 게 소수파 열등감이다. 자꾸 지다 보면 져도 좋으니 하고 싶은 대로 한 번 해보자는 생각을 하기 어렵다. 지면 물러나야 하니 더더욱 새로움을 추구하기 어렵다. 과감한 시도는 언감생심이다. 식상한 방법으로 익숙한 패배에 빠지는 것이 소수파 열등감의 결과다. 패배에 길들여지면 나타나는 또 다른 폐해는 승리한 경험을 절대화하는 것이다. 새정치민주연합은 2002년 대선을 모든 선거 전략의 준거로 삼는다. 세대 대결, 부산·경남 출신 후보, 후보단일화(선거 연대), 운동 선거 등에 목을 매는 전략이 2002년 대선의 유산이다. 2012년 대선에서 새정치민주연합이 취한 노선은 철저하게 2002년 대선을 따라하는 것이었다.

혁신의 리더십이 필요하다

사실 어디서부터 손을 대야 할지 모르겠다. 하지만 그 방법은 논외로 하더라도 새정치민주연합이 정당다운 정당으로 재건되지 않으면 다음 선거에서 패배도 피할 수 없다는 사실이다. 지난 2004년 총선에서 대통령 탄핵 역풍처럼 모든 이슈를 밀쳐낼 정도의 초대형 호재가 생길 거란 기대를 한다면 모를까, 실력으로 이기려 한다면 정당의 재건이 제일 중요한 과제다. 서구의 경험을 보더라도, 좋은 진보정당 없이 진보가 선거에서 승리하는 길은 없다. 정당이 부족하다고 해서 운동movement으로 대체하려는 것은 유효한 방법이 아니다. 되레 위험하다.

강한 정당인지 아닌지는 그 당에 강한 기율과 강한 리더십이 있는지에 따라 판명된다. 정당은 정치부대, 하나의 팀이다. 이기는 전략에 팀원으로 복종해야 한다. 흔히 정치를 가능성의 예술art of the possible이라고 한다. 다른 표현도 있다. 의지 있는 자의 기술art of the willed이다. 서로 배치되는 명제가 아니다. 정리하면, 정치는 의지를 갖고 가능성을 찾아 실현하는 예술이라는 의미다. 강한 리더십이 존재해야 하는 이유다. 강한 리더십은 법적 권한을 관료적으로 행사한다고 만들어지는 게 아니다. 다수의 동의를 얻어야 한다. 지금 새정치민주연합에 필요한 리더십은 혁신의 리더십이다. 여론조사에서 확인되는 압도적인 요구다.

당의 유력한 대선 주자라고 하는 문재인 대표, 안철수 의원, 박원순 서울시장은 당의 기성 질서에서 자유롭다. 그렇다면 이들이 힘을 합쳐 혁신을 추진하는 정치 동맹(이른바 문·안·박 혁신 연대)을 이루어야 한다. 이들이 힘을 합치면 계파주의의 득세, 분열의 가능성도 차단할 수 있다. 이들이 대선 후보로서 제로섬게임을 펼친다면, 새정치민주연합은 2016년과 2017년에도 패배할 것이다. 좋은 정당 없이 좋은 후보가 나올 수는 없다. 설사 나오더라도 이길 수 없다. 설사 이기더라도 세상을 바꿀 수는 없다. 또 하나, 당원의 자긍심을 고양시켜야 한다. 모바일 투표 등으로 당에 참여해온 지지자들은 당원화해야 한다. 아무리 잘난 사람들이 당의 상층에 포진하고 있어도 당원들이 적극적으로 움직이는 풀뿌리 조직의 활성화가 없으면 무용지물이다.

"한 나라가 잘되려면 그 나라가 가진 모든 지혜와 능력이 총동원돼야 한다. 한쪽의 정권은 한쪽의 지혜와 능력을 동원할 뿐이고, 그 정권이 장기長期로 가면 다른 한쪽의 두뇌와 능력과 지혜는 사장死藏될 수밖에 없다. 그것은 국가로서도 낭비고 손해다. 정권이 바뀌는 것은 인재들이 골고루 숨 쉬게 하는 제도다. 10년의 보수·우파 정치에 식상한 국민이 어디 믿을 곳 없나 하며 주변을 살피는데 야당이 데모나 하고 사사건건 반대나 해서 사회를 불안케 하고 있으면 거기서도 고개를 돌릴 수밖에 없다. 바야흐로 '때'는 온 것 같은데 그 '때'를 휘어잡을 철학과 실천이 보이지 않는 것이 새민련의 문제다."● 『조선일보』 김대중 고문의 말이다. 이처럼 보수논객이 정권이 바뀔 때가 되었다고 말할 정도로 타이밍은 좋다. 문제는 새정치민주연합이 얼마나 혁신을 통해 강한 정당으로 거듭나느냐에 달려 있다.

● 김대중, 「새민련, 좌우 순환의 맥脈 이어갈 수 있을까」, 『조선일보』, 2015년 4월 28일.

진보가
빠지기
쉬운
유혹

이념 진보와 행태 진보

진보를 말할 때 두 개의 서로 다른 층위가 있다. 하나는 이념이나 사상으로서의 진보다. 이때의 진보에 대해서는 여러 정의가있을 수 있지만, 핵심은 사회경제적 약자를 대변하는 것이다. 자본주의 사회에서 자본·기업·부자에 대항하는 개념으로서 노동·노조·서민이 있다면, 결국 이념의 진보는 친노동이다. 또 하나는 행태로서의 진보다. 이때의 진보는 새로운 것과 다른 것에 대한 친화성을 뜻한다. "늘 새로운 것에는 선의를 가져야 하고, 익숙지 않은 것에는 호의를 가져야 한다." 니체Nietzsche의 이 말이 행태로서의 진보를 잘 말해준다. 새로운 것을 거부하지 않고, 다름을 존중하는 태도가 바로 행태로서의 진보다.

이념으로서의 진보와 행태로서의 진보를 구분하는 이유는 진보 이념을 표방한 정치 세력이 행태상으로는 전혀 진보적이지 않을 수 있기 때문이다. 진보 정치 세력이 낡은 교조credo에 얽매여 있는 모습은 무수히 발견된다. 과거 서구에서 진보가 복지를 받아들이는 사회민주주의 노선으로 전환할 때 얼마나 많은 시련을 겪었는가? 이른바 정통 좌파 또는 진보들은 사회민주주의를 개량주의reformism나 타협주의로 비판하고 매도했다. 생각해보면 이런 태도가 이해되는 점도 있다. 아직 구현되지 않은 새로운 사회를 지향하고, 그에 따라 불확실성이 시도 때도 없이 생겨날 수밖에 없고, 또 현실의 기득 질서는 끊임없이 '새로운 사회는 건설될 수 없다'고 비판하기 때문이다. 이런 상황에서 기존의 원칙이나 방침을 등대 불빛처럼 따르는 것도 무리는 아니다.

앨버트 허시먼Albert Hirschman의 『보수는 어떻게 지배하는가』를 보면, 보수가 진보 이념을 어떻게 공격하는지 잘 알 수 있다. 보수의 공격은 세 가지 명제로 요약된다. 첫째, 역효과 명제다. 어떤 상태를 개선하려는 시도가 "오히려 정반대의 결과를 낳을 것이다". 둘째, 무용無用 명제다. 현재를 바꾸려는 노력을 해도 "그래 봐야 기존의 체제가 바뀌지 않을 것이다". 셋째, 위험 명제다. "그렇게 하면 우리의 자유와 민주주의가 위태로워질 것이다." 소용이 없거나, 다르거나 위험한 결과를 낳을 것이라는 게 보수의 논리다. 보수는 사회의 강자, 기성 질서 중심이기 때문에 이들의 논리는 줄기차게 재생산되고 변용된다. 이런 공세에 맞서려면 이런저런 주장이나 이론에 현혹되기보다는 원칙을 지키는 게 중요할 수밖에 없다.

그럼에도 시대의 흐름에 맞춰 원칙을 수정·변용할 줄 모르는 진보는 교조주의라는 비판을 면하기 어렵다. 진보가 지향하는 이념이나 사상을 견지하는 것은 필요하나, 시대의 흐름 또는 여론의 동향에 맞춰 적절하게 변하는 것이 반드시 필요하다. 행태적으로 수구로 전락하지 않을 때, 다시 말해 일반인의 눈에 진보가 신선하고 새로운 모습으로 다가올 때 진보는 성공할 수 있다. 섹시sexy하고, 프레시fresh하고, 시크chic한 진보의 모습이 중요하다는 이야기다. 『중용』에 나오는 시중時中이 적절한 개념이다. 이 시중에 대해 만해 한용운은 수시처중隨時處中이라 풀이했다. 중中, 즉 핵심이나 원칙은 상황이나 흐름에 따라 변형될 수 있다는 이야기다.

마키아벨리도 『군주론』에서 비슷한 주장을 했다. "운명이란 원래가 변하기 쉬운 것이다. 이 변하기 쉬운 운명의 파도에 휩쓸리지 않는 길은 하나밖에 없다. 말하자면 때의 흐름과 자신의 방식을 합치시키는 것이다. 이에 성공한 사람만이 살아남을 수 있다.……신중하게 하는 자도 있고, 대담 과감하게 하는 자도 있다. 힘으로 밀고 나가는 자도 있고, 수단을 구사하는 자도 있다. 인내에 인내를 거듭해 실현하는 자가 있는가 하면, 그와 반대로 해서 성공하는 자도 있다. 뿐만 아니라 신중한 방법을 썼는데도, 한 사람은 성공하고 다른 사람은 실패로 끝나는 경우도 있다. 또 한 사람은 신중하게 하는 주의이고, 다른 사람은 과단성 있게 하기를 좋아해 기질이 서로 완전히 반대인데도 두 사람이 다 성공하는 경우도 있다. 그 이유는 오로지 그들의 방법이 시류와 합치했느냐 않았느냐에 있는 것이다."

마이너리티 콤플렉스

진보가 빠지기 쉬운 유혹 중에 하나가 교조주의라는 것은 역사가 증명하는 바다. 그리고 어쩌면 그것은 진보의 천형인지도 모르겠다. 새로운 사회, 다른 세상을 꿈꾸고 지향하다 보니 어쩔 수 없이 중심을 잡기 위해 교조에 얽매일 수 있기 때문이다. 이 대목에서 교주고슬膠柱鼓瑟의 고사가 떠오른다. 거문고의 기둥을 풀로 붙여 고정해두면 조율을 할 수 없어 소리가 제대로 나지 않는다는 뜻으로, 고지식해서 조금도 변통성이 없는 경우를 말한다. 이 고사의 주인공 조괄趙括은 자신의 병법만을 고집하다 중국 역사상 최악의 패배를 당한다. 아들 조괄에게 나라의 대장이 되지 말라고 당부하면서 아버지 조사趙奢 장군이 이렇게 말했다. "전쟁이란 생사가 달린 결전이므로 이론만으로 승패가 결정되는 것이 아니다. 병법을 이론적으로만 논하는 것은 장수가 취할 태도가 아니다." 지금의 진보에 이 얼마나 통렬한 일침인가.

행태로서의 진보는 다름을 존중한다. 사실 진보라는 것 자체가 다름을 전제로 생겨난 것이다. 다른 세상을 꿈꾸는 것이 진보 아니던가. 다른 것을 다르다고 말할 수 있어야만 새로운 것에 대한 갈망도 정당하게 대접받는다. 현재와 다른 미래, 다른 세상을 꿈꾸는 것이 진보라면 당연히 다름을 존중해야 한다. 이처럼 다름이나 차이에 대한 존중은 진보의 태생적 신념이라 하겠다. 진보의 역동성도 다름의 존중에서 나온다. 현실에 존재하지 않는 미래, 지금과 다른 세상을 열망하기는 하지만 그 미래나 세상이 구체적으로 어떤 모습이고 어떻게 그것을 구현할지는 사실 아무도 모른다. 정답이 없다. 그런 점에서 서로 다른 생각을 하고, 서로 토론하고, 치열하게 논쟁하면서 더 좋은 방안을 찾아가야 한다. 이 과정에서 분열이 생겨날 수도 있지만, 차이를 부정하는 것은 진보의 에너지를 없애는 것이나 다름없다.

그런데 지금 이 땅의 진보는 다름을 존중하지 않는다. 내가 주장할 때에는 다름의 권리를 말하지만, 다른 사람의 주장에 대해서는 전혀 그렇지 않다. 조롱하고 폄훼한다. 내 입맛에 맞지 않은 주장이나 내 생각과 다른 이야기를 들을 때면 비아냥대고, 심지어 저주를 퍼붓는다. 그 사람을 부정할 수밖에 없는 숱한 이유를 끌어댄다. 아무리 부당한 공격에 억울한 피해를 입은 경험이 있다고 하더라도, 이는 패배를 자초하는 마이너리티 콤플렉스minority complex다. 약자와 소수는 창조성, 즉 다른 생각을 통해 역동성을 창출해야 한다. 마이너리티 크리에이티비티minority creativity는 진보에 생명이다. 상대를 부정하고, 저주하는 열등감이 아니라 다름으로 그들을 극복하고, 결국 새로운 세상을 받아들이게 만드는 창조성이 필요하다.

다름을 존중하고, 심지어 그 다름을 하나의 권리로 인정하는 것이 진보이기 때문에 진보를 표방한 조직에서 계파나 분파는 자연스럽게 생겨난다. 문제는 이 계파나 분파 간의 경쟁이나 각축이 전체의 힘을 키우는 동력으로 작용하느냐 아니면 마이너스 요인으로 작용하느냐 하는 것이다. 흔히 말하는 계파주의는 계파의 존재와 그들 간의 경쟁이 전체의 힘을 약화시키는 것이다. 이를 바꾸려면 계파 분립의 조건을 잘 설정해주어야 한다. 지향하는 가치나 생각idea을 중심으로 소그룹이 만들어지도록 해야 한다는 이야기다. 특정 누군가와 가깝다는 이유만으로 소그룹이 만들어지는 것은 퇴영적이고 퇴행적이다. 친노니 친박이니 친이니 하는 계파 명칭이야말로 우리 정치가 얼마나 못났는지를 말해준다. 이를 위해서는 지도부의 역할이 중요한데, 조직 내 권력이나 자리를 놓고 다투는 게 목적이 아니라 가치와 노선을 중심으로 분립하도록 유도해야 한다.

허망한 도덕적 우월 의식

진보가 보여주는 꼴불견 중에 하나가 도덕적 우월 의식이다. 단적인 예가 바로 최근의 김무성 경시輕視론이다. 대체로 진보는 새누리당의 김무성 대표를 우습게 본다. 덩치만 크고, 의리만 앞세우지 콘텐츠가 없고, 시대 흐름과 맞지 않다고 보기 때문이다. 백보 양보해 내용이 없다손 치더라도 그것을 이유로 누군가를 도덕적으로 멸시할 수는 없다. 잘못된 관점이고, 위험한 태도다. 참여정부 시절 당정 분리라는 조건하에서 열린우리당의 지도부가 노무현 대통령을 대했던 모습과 당을 강하게 옥죄는 박근혜 대통령을 대하는 새누리당 지도부의 그것을 비교해보면 후자가 더 자주성과 독자성을 보여준다.

열린우리당 지도부는 계급장 떼고 붙어보자는 말은 했지만, 실제로 노무현 대통령의 뜻을 충실히 따랐다. 반면, 김무성 대표는 청와대의 뜻을 받드는 말을 입에 달고 살지만 행동은 다르다. 독자적으로 판단하는 경우가 적지 않다. 공무원연금 개혁과 관련해 야당과 협상하면서 김무성·유승민 두 대표는 두 번씩이나 청와대의 요구를 거절하고 야당과의 합의를 이끌어냈다. 그뿐인가? 선거의 여왕이라 불리는 박근혜 대통령의 인기가 바닥일 때도 선거에서 승리했다. 이런데도 김무성 대표가 만만하다 할 수 있을지 의문이다.

지난 2012년 대선 전에도 진보는 박근혜라는 정치인을 얕보았다. 독재자의 딸이라며 조롱하고 콘텐츠가 없다고 비웃었다. 그런 박근혜에게 숱하게 졌으면서도 여전히 깔보다 총선·대선에서까지 패배했다. 진보가 높게 평가하는 정치인은 유승민 원내대표다. 2015년 4월 8일에 있었던 그의 교섭단체 대표 연설에 대한 진보의 평가는 호의 일색이었다. 보수답지 않게 내용이 풍부한 데다 관점이 좋다는 것이 이유였다. 유승민 원내대표의 연설은 사실 아주 좋았다. 보수의 미래를 보여주는 시그널이었다. 그럼에도 진보가 유승민류類의 보수 정치인을 평가하려면 그들 스스로가 유승민 같은 모습을 보여주어야 한다. 유승민이 보수의 개혁을 주장하듯 그들은 진보의 개혁을 외쳐야 한다. 비유하자면 지금 진보의 주류는 유승민보다 김무성류에 가깝다. 그러면서 김무성 대표를 우습게 보는 까닭은 진보가 도덕적 우월 의식에 빠져 있기 때문이다.

도덕적 우월 의식은 윤리적으로 볼 때 진보는 선the good이고, 보수는 악the bad이라는 생각이다. 이는 진영 논리, 이분법의 표현이자 무능의 발로다. 무능한 사람일수록 편을 따지고, 실력이 없을수록 진영에 매달리기 마련이다. 선한 편과 나쁜 편으로 나누어서 생각하면 선하다는 이유만으로도 얼마든지 버틸 수 있다. 굳이 실력을 키우려고 노력하지 않아도 된다. 상대를 열심히 비판하고, 부정하면 그것으로 족하다. 정치하는 사람에게 자신이 옳고 상대는 틀렸다고 생각하는 선악 이분법은 위험하다. 나도 틀릴 수 있다고 생각해야 하고, 상대가 옳을 수도 있다고 생각해야 한다. 그래야 타협도 이루어지지만, 그보다 먼저 자신의 실력을 키우는 노력을 하게 된다. 실력은 없고 진영만 남은 진보는 최악이다. 진보가 경계해야 할 최고의 적이다.

도덕적 우월 의식에 빠진 진보는 게으른 진보다. 정책을 주장할 때도 대중의 정서나 그들의 언어를 고려하지 않는다. 예컨대, 경제민주화가 옳다고 보면 그것을 해야 한다고 주장하는 데 그친다. 쉽고 간명하게 설명하지 않는다. 경제민주화가 왜 필요한지, 그것을 하면 내 삶에 어떤 도움이 되는지 말해주지 않는다. 그냥 그것이 옳기 때문에 해야 한다는 동어 논리tautology만 반복한다. 정당 간의 노선이나 정책 차이를 드러내보이는 것은 아주 중요한 문제다. 차별성이 있는 정책을 만드는 것에 못지않게 그것을 일반인의 손에 잡히도록 쉽게 차별성을 드러내보이는 것도 실력이다. 세상의 흐름, 정서, 유행, 풍조, 기미 등을 기민하게 포착해야 하고, 정말 치열하고 촘촘하게 고민해야 한다. 상상력도 대단히 중요하다. "지식보다 상상력이 중요하다 Imagination is more important than knowledge"는 아인슈타인Einstein의 이 말이 핵심을 짚는다.

감성을 중시하는 진보

대별하면, 보수는 전략을 중시하고, 진보는 이성을 중시한다. 보수가 전략을 중시하는 이유는 간단하다. 현실에 존재하는 이익, 이른바 기득 이익established interest을 전제로 이를 어떻게 하면 지킬 수 있느냐를 따지기 때문이다. 더 본질적으로는 어떻게 지키느냐 하는 과정보다 실제로 지켰는지를 중시한다. 반대로 진보는 현실status quo과 다른 가상imagination을 추구하기 때문에 논리적이기 마련이고, 그렇다 보니 이성을 중시한다. 현실에서 약자가 강자의 핍박 등 여러 난관에도 지향하는 바를 고수하려면 논리와 이성에 매달릴 수밖에 없다. 그런데 문제는 이성을 강조하다 보니 부득불 감성을 잊는다는 사실이다.

정치는 이성보다 감성의 영역이다. 보통의 유권자가 스스로 자각해 자신의 계층 의식에 입각해서 자신의 사회경제적 정체성을 기준으로 정치적 선호를 결정하거나 투표하는 경우는 많지 않다. 유권자가 중요하다고 여기는 가치는 다양하다. 도덕, 민족, 성, 종교, 인종, 세대, 지역, 경험, 인물 등 숱하게 많다. 이성적 판단을 하라고 아무리 강조해도 유권자가 그 말을 따르는 법은 없다. 오히려 이성적 판단 운운하며 메마르게 접근하는 것보다는 느낌과 정서를 추동하는 감성적 접근이 더 익숙하고, 더 잘 와닿는다.

사회경제적 정체성에 따라 투표하도록 하려면 사회경제적 프레임을 작동시켜야 하고, 그 프레임이 아주 쉽고 간명해야 한다. 사회경제적 약자일수록 정치 정보를 접하는 시간과 양이 적기 때문에 아주 쉽고 간명하지 않으면 사회경제적 프레임 그 자체만으로는 한계가 있다. 에드워드 카민스Edward Carmines와 제임스 스팀슨James Stimson의 분류에 따르면 어떤 이슈가 쉬운지 아니면 어려운지 가르는 기준은 세 가지다. 그 기준은 첫째 상징적·기술적·내용적인지, 둘째 목표인지 아니면 그 목표를 이루기 위한 수단인지, 셋째 오랫동안 대중적 관심의 대상이었는지 등이다. 따라서 어떤 이슈를 선택하는 것도 중요하고, 그 이슈를 쉽고 간명한 이슈로 만들어내는 것도 중요하다. 이는 오롯이 정당의 몫이다.

그런데 대체로 진보는 이성과 논리에 치중하다 보니 대중적 감성을 놓치기 일쑤다. 자신들이 옳다는 도덕적 우월 의식에서 비롯된 것이면서, 진보 성향의 이성 과신에 따른 부작용이다. 이런 정치적 근시myopia로 대중적 감성을 포착할 수도 없고, 사회경제적 프레임을 제대로 작동시킬 수도 없다. 선거 때 복지나 경제민주화 어젠다를 놓고 자신들이 진짜고 보수가 가짜라는 방식의 이분법은 설득력이 없다.

미국의 앨버트 메라비언Albert Mehrabian 교수가 자신의 저서 『침묵하는 메시지Silent Messages: Implicit communication of Emotions and Attitudes』에서 주장한 커뮤니케이션 법칙이 있다. 이른바 '메라비언의 법칙'이다. 그가 서로 대화하는 사람들을 관찰한 결과 언어 7퍼센트, 소리 38퍼센트, 시각 55퍼센트순으로 신뢰도에 영향을 끼친다는 결론을 얻었다는 것이다. 시각은 다시 표정 35퍼센트, 행동 20퍼센트로 나뉜다. 말의 내용은 겨우 7퍼센트에 불과하다는 게 포인트다. 아무리 좋은 내용이라도 호감이 가는 행동과 표정으로 듣기 편하게 이야기해야 한다는 의미다. 진보의 화법은 참 싸가지 없이 잘난 체하거나 드라이하다. 가치판단을 강요하거나 선민의식이 넘쳐난다. 잘하지도 못하면서 자신은 언제나 옳고 타인은 언제나 틀렸다는 식의 화법은 대중을 짜증나게 할 뿐이다.

정치 성향에 따라 서로 다른 입장을 취하는 이슈를 갈등 쟁점position issue이라 하고, 같은 입장이지만 누가 더 잘할 수 있느냐를 따지는 이슈를 합의 쟁점valence issue이라 한다. 복지나 경제민주화 어젠다가 찬반의 갈등 쟁점이 아니라 우열의 합의 쟁점으로 바뀌면 더욱 감성에 대한 고려가 중요해진다. 2012년의 총·대선의 시대 과제는 복지와 경제민주화였다. 복지와 경제민주화는 진보 진영이 먼저 제기한 어젠다였고, 2010년 지방선거에서 이 어젠다가 무상급식으로 쟁점화되었을 때 보수는 이에 반대했다. 찬반 구도가 형성되자 진보는 그 이전의 총선과 대선 패배를 딛고 우위를 점할 수 있었다. 하지만 보수가 반대 입장에서 찬성 입장으로 선회함에 따라 찬반 구도는 우열 구도로 대치되었다. 갈등 쟁점이 합의 쟁점으로 바뀐 것이다.

합의 쟁점을 다루는 정치, 즉 합의 정치valence politics에서는 누가 더 잘할 수 있는지를 보여주는 게 중요하다. 2002년 대선에서 시대 과제였던 지역균형발전이나 지역주의 해소 이슈의 소유권이 노무현 후보에게 있다고 대중이 인정한 것은, 그가 그만큼 오랫동안 주장해왔기 때문이다. 2012년 대선에 출마한 박근혜·안철수·문재인 후보 모두 소유권을 주장할 수 있는 입장이 아니었다. 세 후보 모두 복지와 경제민주화가 시대 과제로 제기되자 수동적으로 반응한 탓이다. 이런 상황에서는 그런 이슈의 상징성을 갖는 인물을 후보 옆에 세우는 것이 신뢰성을 확보하는 데 중요한 요인이다. 박근혜 후보는 헌법에 경제민주화 조항을 넣는 데 결정적으로 기여한 김종인 전 의원을 영입했다. 다른 후보들은 그런 노력이 별로 없었다. 그 결과 복지나 경제민주화는 대선의 핵심 쟁점으로 부각되지 못했다. 진보가 합의 정치에 얼마나 둔감하고 무능한지 잘 보여주는 사례다.

반권위라는 허상

진보는 반권위를 당연시하거나 아예 멋있는 것으로 착각한다. 진보가 평등을 중시하기 때문에 만들어진 것으로 보인다. 그와 내가 다르지 않다는 평등은 차별을 금지하는 것이다. 특권과 차별을 인정하지 않는 평등은 언제나 전적으로 옳다. 하지만 평등이 서로 다를 수 있는 권리, 일컬어 '다름권'의 존중이라는 진보의 다른 가치를 부정해서는 안 된다. 생각이 다를 수 있고, 능력이 다를 수 있다. 훌륭한 생각과 뛰어난 능력을 발휘하는 사람을 존중해야 한다. 그 훌륭함과 뛰어남이 다른 사람을 누르거나 짓밟는 것이 되면 안 되지만 잘 발현할 수 있도록 열어주어야 한다. 따라서 당연히 리더의 존재를 인정해야 한다. 막스 베버가 일종의 형용모순인 '지도자 민주주의'를 주창한 이유도 이런 맥락 때문이다.

"세 사람이 길을 가도 한 사람의 리더가 있기 마련이다三人

行 必有我師." 공자의 말이다. 3명이 모이면 이미 단체다. 어느 조직이든 이끌어가는 사람이 있기 마련이다. 조직이 조직인 이상 리더의 존재가 없을 수 없다. 문제는 리더의 자격과 순환이다. 누구나 리더가 될 자격이 있고, 될 수 있어야 한다. 한 사람이 계속 리더의 지위를 독점해서는 안 된다. 리더 자리는 돌고 돌아야 한다. 리더의 잘못을 지적하고, 반대할 수 있는 권리는 보장되어야 한다. 이런 조건만 충족되면 리더의 권위를 인정해야 한다. 그래야 책임감을 발휘하고, 자신이 가진 훌륭함과 뛰어남을 펼쳐 보일 수 있다. 그로 인해 조직 전체에 혜택이 주어진다면 리더의 권위는 결코 나쁜 게 아니다. 이렇듯 진보의 평등 의식이 반권위로 나타날 아무런 이유가 없다.

어쩔 수 없이 진보는 어려운 길을 가야 한다. 역사 어디, 세상 어디에도 쉽게 이긴 진보는 없다. 기득권의 저항을 이겨내야 하고, 가상 또는 미래의 불확실성을 극복해야 한다. 캄캄한 어둠 속, 길은 보이지 않는데 어딘가를 향해 가야만 할 때 누군가의 리더십에 기대는 것은 합리적 선택이다. 그 때문에 진보야말로 좋은 리더를 발굴할 수 있을 때 승리하고, 성공의 결실을 얻을 수 있다. 크고 길게 보면 집단지성이 옳은 것이긴 하지만 '지금 당장' 어떤 결정을 내려야 할 때 집단지성이 시의적절하게 발휘될 수는 없다. 또 군중심리란 말도 있듯이 다수결이 반드시 좋은 결정을 내리는 것도 아니다. 뛰어난 지도자나 창조적 소수의 능력이 역사의 물줄기를 바꾸고, 진보의 성공을 일구어낸 사례가 얼마나 많은가? 진보에 반권위는 허상이거나 패배의 족쇄일 뿐이다.

민주주의는 '민民'이 궁극적으로 결정권을 행사한다는 주의이지 민이 모든 결정을 내린다는 것이 아니다. 현실적으로 불가능하고, 논리적으로도 옳지 않다. 민이 결정하는 방식은 대체로 다수결이다. 경험이 말해주듯, 다수의 선택이 좋은 결과를 낳는 경우는 많지 않다. 민이 결정하더라도 숙의deliberation를 통해야만 좋은 결정을 내릴 수 있고, 그렇다면 리더나 창조적 소수의 역할을 긍정해야 한다. 따라서 속물 진보가 아니라 책임 진보라면 변화에 민감해야 하고, 우월 의식을 버려야 하고, 대중적 감성에 민감해야 하고, 실력으로 승부해야 하고, 리더의 권위를 존중해야 한다. 진보를 자기 기득권 지키기의 명분으로 삼는 진보 상업주의를 걷어내야 진보가 산다. 다른 길은 없다.

진보가
이기려면

대북정책 대립 구도는 피하라

좀 거칠게 단순화하면, 보수는 친기업pro-business이고 진보는 친노동pro-labor이라 할 수 있다. 한국은 아직 이렇게 정식화하기 어려운 측면이 많다. 한국에서 보수와 진보를 가르는 기준은 주로 대북정책을 둘러싼 첨예한 대립이었다. 분단 체제인 데다 남북 간에 전쟁까지 치렀으니 대북정책이 특정 시기에 상대적으로 높은 비중을 갖는 것은 충분히 이해할 만하다. 그럼에도 보수와 진보를 가르는 가장 분명하고 지속적인 기준이 대對북한 정책이라는 사실은 진보의 무능을 말해주는 하나의 지표다. 분단국가 시절의 서독, 그 나라의 진보정당인 사민당의 기본 정체성은 복지정책이지 동방정책이 아니었다. 사민당의 빌리 브란트Willy Brandt가 추진했던 동방정책은 햇볕정책과 크게 다르지 않다.

6·25 전쟁을 경험한 세대의 존재, 북한 정권의 봉건적 특이성 등을 감안할 때 진보의 대북정책인 햇볕정책은 경우에 따라서 대중적 지지를 잃기 쉽다. 구조적 약점이다. 바람이 아니라 햇볕을 통해 북한을 개방과 평화로 이끌 수 있다는 전제는 옳다. 하지만 북한 정권이 햇볕정책에 반하는 모습을 보일 경우 햇볕정책은 곤경에 처할 수 있다. 북한이 핵 개발을 통해 한반도 평화를 흔들 때 남한의 여론이 나빠지는 것은 당연하다. 남한에 보수정권이 들어설 때 남북 대치와 핵 개발을, 진보정권일 때 남북 화해와 핵 개발 중단을 선택하는 행보를 북한이 보였다면 햇볕정책의 대중적 기반은 흔들리지 않았을 것이다. 불행하게도 북한은 이런 등식을 거부하고 진보정권 때 서해교전을 일으키고, 핵을 집중 개발하는 전략을 취했다. 햇볕정책을 기계적으로 고수하면 진보가 수세에 빠지는 것은 당연하다.

어떤 정치 세력이든 여론의 동향에 민감하게 반응해야 한다. 햇볕정책이 평화를 지향하는 노선이기 때문에 포기할 수 없다고 할지라도 정세와 여론의 흐름을 감안해 유연하게 적용해야 한다. 전략적 입장을 견지하더라도 전술적 유연성이 필요하다는 말이다. 지금의 진보 세력도 이런 점을 잘 인식하고 있는 듯하다. 그런데 문제는 대북정책을 둘러싼 갈등 구도, 또는 안보 위주의 어젠다 세팅을 누군가 강제한다는 점이다. 지난 2012년 대선을 돌이켜 보자. 당시 박근혜 후보는 2007년의 줄·푸·세 노선에서 벗어나 복지와 경제민주화 어젠다를 적극 포용하는 개혁적 보수의 스탠스stance로 전환했다. 2012년 총·대선이 복지에 대한 찬반 구도로 치러졌다면, 진보 세력이 손쉽게 승리했을 것이다. 2010년 지방선거와 2011년 10월의 서울시장 재·보궐 선거의 연이은 패배를 계기로 보수는 반복지에서 친복지로 노선을 전환했다. 그에 따라 구도도 복지에 대한 찬반 대립에서 우열 경쟁으로 바뀌었다.

이때부터 복지와 경제민주화 어젠다의 소유권을 주장하던 진보는 우왕좌왕했다. 구체적으로는 경제민주화의 전도사로 불리던 김종인 전 의원이 한나라당 비상대책위원회에 참여하면서 민주당은 헤매기 시작했다. 정책과 인물에서 민주당이 복지와 경제민주화를 더 잘해낼 수 있는지의 우열 경쟁을 포기하고 이슈를 바꾸었다. 민간인 불법 사찰(총선)과 과거사 논쟁(대선)으로 새로운 전선을 만들어냈다. 아쉬운 대목이다. 이때 진보 세력이 복지와 경제민주화를 중심으로 전선을 구축했더라면 이후 펼쳐지는 역사는 많이 달랐을 것이다. 복지 프레임, 과거사 논란을 안보 프레임으로 대체하기 위해 보수가 재빠르게 들고 나온 게 바로 NLL 이슈다. 이 이슈 때문에 선거 쟁점은 시대 과제로 받아들여지던 복지나 경제민주화가 아니라 다시 대북정책이 되고 말았다.

대북정책을 중심으로 보수와 진보가 대립하는 구도는 대체로 진보에 불리하게 작용하기 쉽다. 특히 북한에 대한 여론이 나쁠 때는 더욱 그렇다. 이런 구도에서는 6·25 전쟁의 경험과 주관적 보수 성향을 가진 60대 이상의 고연령층이 강하게 결집할 수밖에 없다. 세대별 인구 비율에서 50대 이상이 더 많은 비중을 차지하기 때문에 고연령층의 결집을 초래하는 전략은 바보짓이다. 2012년에 진보는 대북정책 또는 대북 스탠스를 둘러싼 차이가 쟁점화하도록 강제되는 걸 피해야 했다. 하지만 현실에서는 반대로 그것을 쟁점으로 선거를 치렀다. 복지와 경제민주화 어젠다를 통해 친기업과 친노동 간의 사회경제적 대립 구도를 만들어냈어야 했다. 그랬다면 성패도 달랐을 것이고, 설사 패했더라도 이후 사회적 역관계는 진보에 유리하게 변화했을 것이다.

진보의 '유능함'은 중요하다

지키자는 게 보수고, 바꾸자는 게 진보다. 따라서 바꾸자는 쪽, 즉 진보가 유능하지 않으면 그 사회는 쉽사리 좋아지지 않는다. 비스마르크Bismarck의 수동혁명처럼 예외적, 그리고 한시적으로 보수가 먼저 새로운 시스템을 도입하는 경우도 없지 않다. 그러나 선진국의 예를 보더라도 대개는 진보가 유능해서 보수와 '더 좋은 사회 만들기' 경쟁을 펼치면 그 사회는 좋아졌다. 유럽의 복지국가가 그런 예다. 반면에 진보가 사회경제적 갈등으로 보수와 대결하는 구도를 만드는 데 실패하면 그 사회는 보통 사람이 살기 힘든 사회가 되었다. 신자유주의 세력의 득세를 저지하지 못해 양극화가 심해진 미국과 영국이 그 예다. 미국과 영국에서는 보수 세력이 민족과 문화를 축으로 새로운 갈등 구도를 만들어내는 데 성공함으로써 기존의 복지 체제를 해체할 수 있었다. 물론 보수의 이런 성공 이면에는 진보의 무능함이 있었다. 한 사회가 좋아지는 게 모두 진보의 몫은 아니지만, 그 시작은 진보의 유능함에서 비롯된다.

오늘날 미국 사회는 '좋은 사회good society'가 아니다. 빈부 격차가 심하고, 없는 사람이 먹고살기 힘든 사회다. 버락 오바마 대통령이 도입한 전 국민 의료보험 제도를 두고 사회주의 제도라고 공격할 정도로 사회안전망이나 복지를 거부하는 보수 세력의 힘이 크다. 오죽하면 제러미 리프킨Jeremy Rifkin이 아메리칸드림의 시대는 가고 유러피언드림의 시대가 되었다고 했으랴. 그런데 미국이 처음부터 이렇게 된 것은 아니다. 뉴딜 체제의 미국은 괜찮은 사회였다. 지금의 유럽, 특히 북유럽 복지국가에는 미치지 못하지만 복지 체제의 질도 나쁘지 않았다. 문제는 그 뉴딜 체제가 무너지면서, 아니 정확하게는 보수가 치밀한 준비 끝에 뉴딜 체제를 붕괴시키면서 정말 나빠졌다.

뉴딜 체제의 해체는 두 가지 법에 의해 시작되었다. 1946년의 행정절차법Administrative Procedure Act과 1947년의 태프트-하틀리법Taft-Hartley Act이다. 행정절차법은 행정 규제를 소송과 사법부의 판결 대상으로 인정함으로써 정부 규제에 불만을 가진 사람이나 기업이 사법부를 통해 문제를 제기하거나 규제 철회를 요구할 수 있도록 하는 내용을 담고 있다. 태프트-하틀리법은 노사관계법으로 1935년에 제정된 와그너법Wagner Act을 수

정한 것이다. 이 법은 부당노동행위 금지 대상에 노동조합도 포함시켰고, 노동조합 의무가입제closed shop와 연방 공무원과 정부 기업 노동자의 파업을 금지했다. 행정절차법은 정부의 힘을 약화시키는 동시에 시장의 힘을 강화했다. 입법예고제, 공개설명회 등을 통해 행정 규칙 제정 과정을 대중에게 공개해서 힘 있는 이익집단들의 목소리가 커지고, 그들의 개입이 많아졌다. 태프트–하틀리법은 노동조합의 힘을 결정적으로 약화시켰다.

이로써 대중민주주의popular democracy는 개인민주주의 personal democracy로 바뀌었다. "개인민주주의는 집단적 공격으로만 돌파할 수 있었던 정치의 장벽을 낮춘다. 정보의 자유, 정보공개법, 공청회 의무화, 입법예고제와 공개설명회 규정, 위원회 등의 시민대표 할당제, 공공기관의 전화 상담 서비스, 개인이 선택할 수 있는 복지 서비스 등 이 모든 것과 기타 정책들은 시민들이 혼자서 정치를 하도록 만들었다. 그러나 외견상 시민 친화적으로 보이는 개인민주주의의 이런 장치들이 갖는 주된 효과는 미국 정치에서 시민의 역할을 축소시켰다는 점이다. 한때 정부 권력자와 정책 결정자가 되기 위해 지지자를 동원했던 조직가와 엘리트들은, 이제 소송을 통해 예전과 유사하거나 더 나은 결과를 얻을 수 있다는 사실을 발견한다. 또는 흩어져 있거나 목소리를 갖지 못하는 이해 당사자들을 대표한다고 주장함으로써, 연방정책의 정당성에 필수적인 '이해 관계자'의 자격을 얻을 수 있음을 깨달았다."[●] 미국 민주주의가 왜 나빠졌는지를 다룬 『다운사이징 데모크라시』에서 매슈 크렌슨Matthew Crenson과 벤저민 긴즈버그Benjamin Ginsberg가 하는 지적이다.

보수의 이런 시도에 대해 미국의 진보는 제대로 맞서지 못했다. 좋은 예가 바로 태프트-하틀리법이다. 노동조합의 힘을 약화시키는 이 법에 대해 미국노동총연맹산업별조합회의AFL-CIO는 노예노동법이라고 격렬하게 반대했다. 이런 반대 때문에 의회를 통과한 법에 대해 해리 트루먼 대통령이 거부권을 행사했다. 이 법이 통과되려면 대통령의 거부권을 무력화할 수 있는 3분의 2의 찬성이 필요했다. 주요 노조위원장들은 의회로 다시 넘어간 법안을 의회가 다시 통과시킬 경우 찬성 의원들에 대해 낙선운동을 펼칠 것이라고 공언했다. 의회가 흔들렸지만 때마침 나온 여론조사에서 이 법에 대한 찬성 여론이 더 많은 것으로 나오자 법안을 재의결했다. 진보를 표방한 정치 세력(민주당)이 자신들의 기반이 되는 노동조합의 힘을 약화시키는 법에 동조하고 나섬으로써 정치 세력 간 역관계가 바뀌기 시작했다. 얼마 뒤부터 미국 민주당은 대통령 선거에서 열세를 면치 못하게 되

●매슈 A. 크렌슨·벤저민 긴즈버그, 서복경 옮김, 『다운사이징 데모크라시』(후마니타스, 2013년).

고, 1990년대에 들어서서는 의회에서 다수당 지위마저 잃게 되었다. 그 과정에서 미국의 복지는 왜소화되거나 형해화되는 길로 나아갔다. 보통 사람들이 살기 힘든 세상이 된 것이다. 그 실상이 2005년 허리케인 카트리나 사태 때 적나라하게 드러났다.

복지 이슈를 버리지 마라

보수는 사회경제적 프레임의 안착과 작동을 제어하려고 한다. 사회 구성원을 구분할 때 사회경제적 수준으로 나누는 것이 수적으로 기업이나 부자에게는 불리하다. 사회의 절대다수가 비非부자, 즉 서민이기 때문이다. 따라서 이 구분을 대체하는 새로운 갈등, 또는 균열을 부각하려 한다. 그래서 제기하는 것이 문화 이슈cultural issue다. 이런 주체적 대응뿐만 아니라 객관적 흐름도 진보에 불리했다. 자본주의의 진전으로 절대적 빈곤에서 벗어나자 이제는 서민 대 부자 간의 물질적 갈등보다는 삶의 질, 환경, 문화 등 탈물질적post-material 갈등이 부각되었다.

　때문에 물질적 갈등의 이분법에 익숙한 진보는 헤맬 수밖에 없다. 나라를 막론하고 아직 진보는 복지국가 이후 새로운 시대 과제를 제시하지 못하고 있다. 신자유주의 공세 앞에 굴복해 노선의 차별성이 아니라 인물 경쟁력으로 승부하는 전략(빌 클린턴의 신민주당, 토니 블레어의 신노동당 노선) 외에 새로운 대안을 내놓고 있지 못하다. 이것이 진보의 구조적 위기를 낳고 있다. 1929년의 대공황Great Depression은 뉴딜을 낳고, 복지국가로 나아가는 계기로 작용했다. 2008년의 대침체Great Recession는 시대적 전환의 계기로 작용하지 못하고 있다. 무엇보다 진보의 무능 탓이다.

한국의 진보가 헤매는 이유는 선진국의 경우와 좀 다르다. 서민들이 느긋해질 만한 복지 시스템의 구축도 미흡하고, 먹고 살기 힘든 사람도 많다. 영유아 때부터 사교육을 시작해 요즘엔 취업 때도 사교육이 필요하다. 아이들 키우느라 에너지와 부를 쏟아부은 탓에 정작 자신은 노후 대책도 없이 불안정한 저임금 노동에 내몰리게 된다. 그런데도 저임금을 받는 저학력의 고연령층은 보수정당의 견고한 지지층으로 포획되어 있다. 이들의 힘은 투표율이 낮은 재·보궐 선거에서 압도적인 위력을 발휘한다. 높은 투표율, 강한 충성심을 가진 고연령층이 세대 대결이나 이념 대결을 통해 거대한 블록으로 움직이는 정치 구도라면 보수는 언제나 우위를, 진보는 언제나 열세를 면하기 어렵다.

이들이 자신의 사회경제적 조건을 기준으로 정치에 참여하게 만드는 것이 중요하다. 선진국의 진보가 지금 겪는 위기는 사회경제적 프레임이 충분히 작동해 사회적 역관계를 거의 대등하게 바꿔놓은 후에 생긴 것이다. 반면에 한국의 진보는 사회경제적 프레임을 제대로 안착시키고 작동시키지 못해 위기를 겪고 있다. 복지국가를 채 건설하지도 못했는데, 되레 복지국가 해체라는 담론에 직면해 있는 것이 실례다.

2007년 대선과 2008년의 총선 이후 지금의 야권 또는 진보 세력이 가장 잘 나가던 시절이 2010년 6월의 지방선거부터 2011년 10월의 재·보궐 선거 때였다. 2007~2008년의 대선과 총선 패배 이후 진보 세력의 면면은 그다지 달라지지 않았다. 의석수가 대폭 줄어들긴 했지만 새로운 시대를 대표할 만한 인물이나 세력이 새롭게 충원되지 않았다. 그런 정당이 갑자기 주도권을 잡은 이유는 무얼까? 정치 프레임이 달라졌기 때문이다.

2010년 지방선거는 천안함 사태를 활용한 안보 담론 대 무상급식의 복지 담론이 맞붙은 선거였다. 결과는 복지 담론의 승리였다. 1945년 영국 총선에서 제2차 세계대전을 승리로 이끈 윈스턴 처칠Winston Churchill의 보수당이 복지를 내건 클레멘트 애틀리의 노동당에 예상외로 패한 것과 비슷한 맥락이다. 2010년 지방선거 후에도 한나라당의 오세훈 서울시장이 무상급식 반대를 계속 외치면서 복지를 둘러싼 찬반 구도가 형성되었다. 오세훈 서울시장이 주민 투표가 부결되자 사퇴하고 치러진 2011년 서울시장 재·보궐 선거에서 박원순 후보가 승리한 것도 이런 흐름 때문이다.

기민한 진보라면 이때부터 복지 프레임에 집중하는 전략적 이니셔티브를 발휘했어야 했다. 바둑에서 말하는 기자쟁선棄子爭先*이 필요했다. 무상급식에 이어 '쉽고 간명한' 복지 쟁점을 만들어냄으로써 복지 프레임을 계속 강화해나갔어야 했다. 물론 일부 그런 시도가 없지는 않았으나 당은 통합으로 방향을 틀었다. 새누리당이 비상대책위원회를 출범시키면서 등장한 박근혜 체제가 반복지에서 친복지로 전환한 것도 하나의 요인이었다. 그럼에도 대단히 유리한 복지 프레임을 버리고 통합 프레임으로 자발적으로 옮겨간 것은 큰 실책이었다.

사회경제적 갈등을 정치적 갈등으로 대체한 꼴이기 때문이다. 통합도 말이 통합이지 익숙하거나 식상한 인물들이 다시 모이는 일종의 담합이었을 뿐 혁신은 없었다. 새 술은 새 부대에 담아야 하듯이, 새롭게 만들어진 복지 프레임은 그것을 감당할 수 있는 새 인물이 등장해야 더 튼실하게 작동할 수 있다. 하지만 통합은 그런 인물과 정책의 등장이라는 혁신 없이 그들끼리의 재결합에 불과했다. 백보를 양보하더라도, 통합 후에는 복지

●8세기 중엽 당나라 현종 때 왕적신이 펴낸 위기십결, 즉 바둑을 둘 때 명심하고 준수해야 할 10가지 핵심 비결에 나오는 것이다. '기자쟁선'은 바둑 알을 몇 개 버리더라도 선수를 잃지 말아야 한다는 의미다.

쟁점을 형성하면서 누가 진정한 복지 세력인지 경쟁하는 구도를 만들었어야 하는데 그것도 못했다. 2012년 총선의 쟁점은 민간인 불법 사찰 이슈였다. 복지를 표방한 세력이 스스로 복지 이슈를 포기한 셈이다.

사회경제적 프레임으로 전환하라

정치적 양극화는 변화를 가로막는 기득권 유지 전략의 발현이다. 양대 정치 세력 또는 두 진영이 격렬하게 대립하는 양극화는 다수에게 유리하다. 양극화, 즉 양쪽 패싸움에서는 어느 진영에 속해 있던 이탈하기가 쉽지 않다. 때문에 다수인 쪽이 언제나 유리하다. 따라서 소수인 쪽은 기존의 진영 대결을 허물어야 한다. 그런 다음 헤쳐 모여 하듯이 새롭게 편을 갈라야 한다. 그래야 다수를 형성할 기회를 갖는다. 아니면 다수의 편에 서 있던 사람들이 소수의 편으로 넘어올 수 있게 해야 한다. 대결의 강도를 낮춰야 한다는 이야기다. 지역주의와 이념 성향으로 단단히 결속하고 있는 편을 허물려면 그것을 먼저 이완시켜야 하기 때문이다. 소수가 다수를 이루려면 중간층을 흡수해야 한다. 그런데 두 편이 세게 맞붙어 있으면 중간 지대는 거의 없다. 어느 쪽도 찬성하지 않는 쪽은 싸움의 중간에서 중재하기보다 아예 먼 발치로 물러서 버린다. 어느 진영에도 가담하지 않으려 하기 때문에 이들을 흡수하기란 쉽지 않다.

박근혜 대통령이 안정적 지지율을 누리는 건 보수 대통령이기 때문은 아니다. 지난 정부의 이명박 대통령도 강한 보수 성향을 띠었지만, 지지율은 낮았고 유동적이었다. 이명박 대통령 때는 박근혜라는 대안이 보수 내에 존재했다. 이에 반해 박근혜 대통령에게는 그때의 자신과 같은 정치인의 존재가 없다. 그 때문에 보수가 강하게 결속할 수밖에 없다. 내부에 교란 요인이 없는 데다 외부적으로 강하게 대립하는 진영 대결의 구도라면 박근혜 대통령의 지지층은 견고하게 버티기 마련이다. 박근혜 정부가 예컨대 경제성장이나 국가적 위기 상황처럼 지지층을 결속한 다른 수단이 있다면 모를까, 그런 것이 없는 형편이기에 박근혜 대통령은 의도적으로 양극화 전략을 구사하고 있다고 하겠다. 여기에 야당은 계속 진영 대결의 강도를 끌어올리는 맞대응을 하면서 수세의 국면에서 벗어나지 못하고 있는 것이다.

한국의 보수와 진보는 그 지지층의 행태가 많이 다르다. 보수는 장기간 집권에서 비롯한 기득권을 지키기 위해 뭉치는 데 익숙하다. 단단한 덩어리로 존재한다. 반면 진보는 고정 지지층이 협소하고, 잠재적 지지층은 흩어져 있다. 비非보수 또는 반反보수의 형태로 존재하다가 비상한 이슈를 계기로 결속하거나 선거 때 모인다. 따라서 진보가 비보수나 반보수를 결집시킬 계기를 찾지 못하면 언제나 열세에 처할 수밖에 없다. 문제는 이들이 이제는 보수의 잘못 때문에 자동적으로 결집하지 않는다는 사실이다. 10년을 맡겨보았는데 별다른 게 없었기 때문에 반대 스탠스만으로는 안 된다. 분명한 차별성과 신뢰성이 담보되지 않으면 쉽사리 마음을 주지 않는다. 과거와 다르고, 보수와 다른 차별적 대안을 선명하게 제시해야 한다. 또 그 대안을 믿을 수 있게 하는 인물과 행태를 보여주어야 신뢰성이 생긴다. 낡음에서 헤어나기는커녕 오히려 지키려고 안간힘을 쓰는 게 진보의 모습인 듯하다. 이래서는 이길 수 없다.

정치는 상대가 있는 게임이라 일방이 마음대로 할 수 없다. 그럼에도 스스로 어떻게 하겠다는 생각, 즉 전략이 없으면 이길 수 없다. 진보가 승리하려면 전략을 중시하고, 또 지금까지의 전략을 바꾸어야 한다. 익숙한 것과 과감하게 결별하고, 무릇 진보다운 노선과 정책으로 승부해야 한다. 유럽의 복지국가가 복지정책 때문에 성립된 게 아니라 복지 정치가 관건이었듯이 유능한 정치를 펼쳐야 한다. 지금 한국의 진보에 유능한 정치는 프레임을 바꾸는 것이다. 정치·도덕적 프레임을 버리고 사회경제적 프레임으로 전환해야 한다. 찬반이란 이분법이 아니라 우열이란 다분법 속에서 정치를 펼쳐야 한다. 그래서 저소득층과 저자산층의 지지를 획득해내야 한다.

좋은 정당을 구축하라

2016년 총선과 2017년 대선에서 승리하려면 역설적이게도 승리를 잊어버리는 게 좋다. 선거 승리에 집착하는 선거주의는 '일상 정치'를 방기하는 효과를 낳을 뿐만 아니라 선거를 이벤트로 치르게 되는 오류를 낳는다. 총선 공천권을 놓고 당권 경쟁을 펼치고, 결국 나눠먹기식으로 공천하면 패배하기 쉽다. 자신의 지지층의 다양한 집단과 세력을 대표하는 인물이 공천되어야 한다.

2012년처럼 일종의 정치적 프로파일링pro-filing을 해보니 이러저러한 스펙을 가진 정치인이 대선 후보로 나서는 게 좋겠다는 식의 생각도 패배의 길이다. 설사 요행히 이긴다고 해도 집권 초기부터 위기에 처할 것이다. 경제에서 공짜 점심이 없다고 하듯, 정치에서 공짜 승리는 없다. 차분하게 또박또박 한걸음씩 나아가야 한다. 진보를 표방한 정치 세력에 걸맞은 어젠다 세팅과 정치 기획을 보여주어야 한다. 반사이익이 아니라 실력으로, 선거가 아니라 일상 정치로 승부하라는 말이다.

선거 승리만 생각하게 되면 결국 또다시 대선 주자별로 계파가 나뉘게 된다. 누가 되든 치열한 경쟁을 통해 최적의 후보가 탄생하도록 해야지, 지금부터 대선 주자 진영으로 나뉘어 대립하면 엄청난 부작용이 생긴다. 보수와의 경쟁보다 내부 게임에 몰두하게 되고, 분열은 보수의 집중 공격이 쉽게 통하는 좋은 환경이다. 부득불 피할 수 없는 인물 경쟁의 측면이 있더라도 이를 잘 관리해야 한다. 정치도 사람이 하는 일이라 어떤 사람이 나서느냐에 따라 성패가 달라질 수밖에 없다. 어떤 사람이 더 낫냐의 경쟁은 사실 각자가 더 많은 대중적 지지를 받느냐의 경쟁으로 가야지 상대의 약점을 파고드는 형태로 가면 서로에게 손해다.

2014년 6·4 지방선거에서 승리한 박원순 서울시장, 최문순 강원지사, 안희정 충남지사는 모두 당을 배제하고 인물 선거를 치렀다. 그렇다고 해서 총선과 대선도 이렇게 당을 배제한 인물 선거로만 치를 수 있을까? 어렵다. 사실 조직 역량에서 진보가 보수를 능가할 수 있는 거의 유일한 게 바로 정당이다. 그렇다면 제대로 된 정당을 만들고, 그 안에서 치열한 경쟁을 통해 좋은 정치인과 강한 후보가 나올 수 있어야 한다. 이게 기본이다. 진보가 사는 길, 이기는 길은 좋은 정당 만들기가 그 시작이다.

정치의
양 날개,
전략과
리더십

왜 정치에서 전략이 중요할까?

"전쟁에서 그러하듯, 전략은 정치의 심장이다Strategy is the heart of politics, as it is of war." 샤츠슈나이더의 말이다. 샤츠슈나이더는 정치를 전략의 관점에서 이해한다. 정치에서 전략이 의미를 갖는 것은 시민이 할 수 있는 일이 있고, 시민이 생각하고 행하고 원하는 것이 차이와 결과를 만들어내기 때문이라는 게 그의 설명이다. 삶을 이리저리 표류하게 두거나, 자신에게 일어나는 일들을 수동적으로 받아들일 뿐이라면 정치는 필요 없다. 정치는 시민이 되받아치는fight back 데서 시작된다. 전략이 생겨나는 곳도 바로 이 지점이다.

생각이 다르고, 이해가 다른 사람들이 모여 있는 곳이 사회다. 이런 공존의 사회에서 시민으로서 자신이 원하는 바를 얻고자 하는 노력이 정치의 핵심이다. 달리 말해, 경쟁과 갈등 속에서 무엇인가를 얻거나 이루고자 하거나, 바꾸고자 한다면 전략이 필수적이다. 이 전략에는 지성intelligence이 필요하다. 의지나 열정만으로는 안 된다는 이야기다. 옳다는 신념만을 고수하거나, 한번에 다 얻겠다고 하면 전략이 필요 없다. 또는 어찌되었든 주어지는 데로 살겠다고 해도 전략은 불필요하다. 이처럼 정치가 가진 역동성을 제대로 이해하고, 구현하려면 정치를 전략으로 받아들여야 한다. 그래서 샤츠슈나이더는 전략이 '정치의 심장'이라고 말하는 것이다.

샤츠슈나이더는 정치 전략과 관련해 몇 가지 중요한 통찰을 남겼다. "정치 전략은 갈등의 개발, 활용, 억제에 대한 것이다. 갈등은 모든 정권이 어쩔 수 없이 그 관리에 신경을 곤두세워야 하는 통치의 아주 강력한 수단이다.……정치의 가장 상위 전략은 갈등을 어떻게 다룰지 규정하는 공공정책의 설계다. 정책 중의 정책이고, 최고의 정책이다." "대안의 정의야말로 최고의 권력 수단이다. 권력은 어떻게 정의하느냐에 관련된 것이기 때문에 여러 세력 간에 이슈의 성격에 대한 합의를 이루기란 쉽지 않다. 정치가 무엇을 다룰지, 즉 어떤 갈등을 정치화할지 결정하는 세력이 나라를 운영하는 세력이다. 왜냐하면 갈등의 정의란 여러 갈등 중에 어떤 것을 선택할지를 뜻하고, 그 갈등의 선택이 곧 권력의 배분을 결정하기 때문이다The definition of the alternatives is the choice of conflicts, and the choice of conflicts allocates power." "정치는 이해와 여론을 고려하는 고도의 전략적 행위지만 그렇다고 해서 그것들과 동일한 것은 아니다." 모두 정치 전략을 고민할 때 준거로 삼아야 할 원칙이다.

갈등을 어떻게 정의하느냐가 중요하다. 이때의 정의는 두 가지 의미를 갖는다. 하나는 여러 갈등 가운데 어떤 갈등을 선택할 것인지다. 최근의 예를 들자면, 보수가 노동개혁을 우선 의제로 제기한다면 진보는 재벌개혁을 대안으로 제시하는 것이다. 또 하나는 같은 이슈를 놓고서도 다르게 의미를 규정하는 것이다. 노동개혁이라는 동일한 개념을 사용하지만 보수는 고용 유연성에, 진보는 고용 안정성에 무게를 둔다. 사실상 서로 다른 정의를 내리고 있는 셈이다. 조지 레이코프George P. Lakoff도 『코끼리는 생각하지 마』에서 같은 맥락의 주장을 한다. "그들의 언어가 아닌 우리의 언어로 우리의 신념을 말해야 한다." 상속세를 사망세로 부르면 사뭇 다른 반응이 나오듯, 어떤 용어나 개념을 사용하는지가 대단히 중요하다는 게 조지 레이코프의 주장이다. 요컨대, 자신에게 유용한 갈등을 이슈화하거나 의도치 않게 돌출된 이슈도 유리한 관점에서 정의해야 한다는 이야기다.

갈등의 정의가 전략의 핵심을 차지하는 이유는 또 있다. 사회 세력이나 이해 집단의 동원 또는 참여와 관련이 있기 때문이다. 정의란 것이 단순히 어떤 사안을 어떻게 규정해야 듣기 좋은지를 뜻하는 게 아니다. 어떤 이슈와 관련된 사회 세력이나 집단으로 하여금 특정 이슈의 정치화를 통해 정치와 선거에 적극적으로 나서게 하는 것이 핵심이다. 사회경제적 약자들이 원하는, 그들의 삶에 관련된 어젠다를 이슈로 제기하면 그들은 관심을 갖고 적극 나서게 된다. 어떤 어젠다를 이슈화하려 해도 그것을 저지하려는 반작용이 있기 때문에 결코 쉬운 일이 아니다. 여기서부터 치열한 샅바 싸움이 벌어진다. 힘들게 이슈화에 성공하더라도 이해관계를 가진 사람들에게 제대로 전달하고, 쉽게 이해시키는 문제가 남는다. 이 역시 결코 쉬운 싸움이 아니다. 한국의 진보처럼 소수파나, 환경적으로 불리한 조건에 있는 세력으로 서는 더더욱 어려운 문제다. 그래서 갈등의 정의가 중요하다.

갈등을 어떻게 정의하느냐는 지성의 차원에서 그치지 않고 조직의 문제로 확장된다. "조직은 편향의 동원이다Organization is the mobilization of bias." 샤츠슈나이더의 이 말처럼 제도나 기구를 어떻게 조직하느냐는 정치의 핵심 영역이다. 선거제도로서 비례대표제와 소선거구·단순다수제는 어떤 갈등을 의제화하고, 이슈화할지 등 이른바 '정치화politicize'에서 많은 차이를 낳는다. 소선거구·단순다수제는 지역구 차원의 개발 등 토건 의제가 중심이 되는 반면, 비례대표제는 복지 등 계층적 이해가 주를 이룬다. 정부 기구도 마찬가지다. 기업의 독과점을 다루는 공정거래위원회도 그 유무에 따라 공정거래 관련 갈등이 사회화하는 정도가 많이 다르다. 물론 이런 기구를 두고 있더라도 그 내용을 부실하게 만들어 본래의 취지를 무색하게 만드는 경우도 없지 않다. 어떤 기구·기관을 두느냐, 그 기구·기관을 어떻게 운영하느냐는 편향의 동원, 즉 누구의 이해와 요구를 대변할지와 다름없기 때문에 정치 전략에서 대단히 중요한 문제다.

정당도 마찬가지다. 정당 조직은 그 정당이 사회의 어느 부분을 대표하느냐에 긴밀하게 연결되어 있다. 정당이 지역 조직

이철희의 정치 썰전

만 있다면 지역적 이해와 요구에 민감하게 반영할 것이고, 직능 조직이 튼실하다면 사회경제적 이해를 민감하게 반영할 것이다. 그런데 한 사회의 강자들은 자신들에게 유리한 기득 질서를 향유하고 있기 때문에 정당 조직을 이해 표출과 유지의 채널로 삼을 필요성이 크지 않다. 하지만 약자들은 다르다. 시민사회나 언론이 있지만 그래도 가장 중요한 채널은 노동조합과 정당이다. 때문에 사회경제적 약자를 대표하고 대변하는 정당이라면 이들의 이해와 요구를 채널링channeling하는 기구나 기관의 존재가 중요할 수밖에 없다. 결국 조직도 전략인 셈이다.

진보와 전략 간의 불화

진보의 특징 중 하나는 논리성이다. 달리 표현하면 이성 중시 reason-oriented mind라 할 수 있다. 옳고 그른지를 많이 따진다. 논리적으로 설명되지 않으면 인정하지 않으려 한다. 이성을 신뢰하는 탓에 직관이나 감성의 역할을 경시한다. 근대가 중세를 극복하기까지, 시장의 저항을 뚫고 복지국가를 만들어내기까지 이성의 기획은 상당한 역할을 했다. 때문에 이성 중시는 역사적으로 배태된 진보의 특성이다. 그뿐인가. 강고한 현실의 벽을 넘어서기 위해, 불안할 수밖에 없는 새로운 변화를 밀어붙이기 위해서는 이성의 의지가 불가피하다. 에릭 홉스봄Eric Hobsbawm 의 지적대로, 세상은 저절로 좋아지지 않는다. 그 때문에 논리와 합리가 없다면 세상을 좋게 만드는 기획과 도전은 만들 수 없다. 그런데 빛이 있으면 어둠이 있듯이 논리와 합리는 진보의 강점 이자 동시에 약점이기도 하다.

'더 좋은 세상'을 만들기 위해서는 이성에 의한 합리적 미래 구상이 필수적이다. "정치는 머리로 하는 것이지, 다른 신체 기관이나 영혼으로 하는 것은 아니다." 막스 베버의 통찰이다. 그런데 막스 베버는 이 말만 하지 않았다. "분명 정치는 머리로 하는 것이지만, 결코 머리로만 하는 것은 아니다." 결국 머리로 고안하고, 가슴으로 말해야 한다는 이야기다. 냉철한 이성으로 새로운 사회를 기획하더라도 그것을 설명하고, 설득하려면 따뜻한 감성의 언행이 긴요하다. 설득은 내용보다 태도에 영향을 받는다. 메신저가 싸가지 없이 말하면 메시지가 아무리 좋아도 수용되지 않는다. 안 그래도 이미 받아들여져 있는 기왕의 판단 이나 느낌이 새로운 사실과 다른 판단을 받아들이지 못하도록 가로막는 것을 인지 메커니즘이라 하는데, 싸가지마저 없으면 되레 역효과를 낳는 것은 당연하다.

감성이 이성에 앞서고, 정서가 계산을 누른다. 인간의 감성이나 대중적 정서를 고려하지 않으면 좋은 전략이 나올 수 없다. 좋은 예가 있다. 국회의원 정수와 관련해 새정치민주연합의 혁신위원회와 이종걸 원내대표가 대담한 제안을 했다. 지역구와 비례대표를 2 대 1의 기준으로 할 때, 혁신위원회는 지역구 246, 비례대표 123 등 369명 안을 내놓았고 이종걸 원내대표는 지역구 260, 비례대표 130 등 390명 안을 주장했다. 어떤 기준으로 보더라도 국회의원 정수를 늘리는 것은 정당하고 필요하다. 때문에 거의 모든 학자가 증원 폭에 대해 생각이 다를 뿐 증원 그 자체에 대해 이견을 달지 않는다.

그러나 옳다고 해서 그대로 관철되는 것은 아니다. 아무리 옳은 주장이라고 하더라도 전후좌우, 심지어 상하까지 살펴가면서 해야 한다. 따라서 국회의원 정수를 늘리자는 주장은 용기만으로 어느 날 불쑥 던질 사안이 아니다. 그렇다고 해서 때가 무르익을 때까지 기다리자는 주장도 옳은 것은 아니다. 정치 불신이 시간에 의해 자연 치유되지 않기 때문이다. 사실 타이밍은 나쁘지 않다. 새누리당과 새정치민주연합이 소선거구·단순다수제를 통해 누리는 혜택은 만만찮다. 득표율에 비해 의석 점유율이 훨씬 높다. 소선거구·단순다수제의 제도 효과 때문이다.

때문에 바꾸어야 할 핵심은 비례대표제의 비율을 늘리는 것이다. 헌법재판소가 국회의원 선거구의 인구 편차 3 대 1은 위헌이라는 판정을 내렸고, 이를 계기로 중앙선거관리위원회가 지역구 200석, 비례대표 100석을 대안으로 제시했다. 현실적으로는 양대 정당의 기득권을 줄이는 차원에서, 명분상으로는 총선 때마다 발생하는 1,000만 표의 사표 방지와 표의 등가성을 구현하는 차원에서 비례대표의 비율을 늘리는 데 집중하는 게 좋은 전략이다.

현재 지역구가 246개이고, 인구 편차를 2 대 1로 할 경우 지역구가 10석 내외로 늘어나기 때문에 의원 정수를 그대로 두면 어쩔 수 없이 비례대표의 몫이 54개에서 몇 석 줄어들게 된다. 현역 의원들은 모두 지역구 축소에 부정적이다. 비례대표 의원들도 다음 선거에는 지역구에 출마해야 하므로 지역구 의원들과 이해관계가 일치한다. 따라서 선택권을 지닌 의원들이 지역구 축소를 선택할 리 만무하다. 그렇다면 국회의원 정수를 늘이는 게 현실적인 답이라는 게 새정치민주연합 혁신위원회나 이종걸 원내대표의 논리다. 나름 타당하다. 그런데 지역구 의원들의 기득권도 건드리지 않고, 국회의원 정수 증원으로 이 문제를 풀자는 '논리적 방안'은 의원들의 해법일 뿐이다. 옳든 그르든 국민의 정서로는 국회의원 정수 축소가 필요하지만 그럴 수 없다면 지역구를 줄이고 비례대표를 늘리는 중앙선거관리위원회의 안이 그나마 수긍할 수 있는 해법이다. 안 그래도 국회와 국회의원에 대한 신뢰도가 바닥인 상황에서 국회의원 정수를 늘리는 방안은 국민적 저항을 받기 마련이다. 이런 점에서 어느 날 불쑥 국회의원 정수 확대를 내거는 건 전략적으로 실책이다.

진보가 전략에 무지하거나, 이를 폄훼하는 것이 이성과 논리 등을 강조한 데 따른 부작용일 수 있다고 해서, 그들의 전략적 무지나 무능이 양해되는 것은 아니다. 경험적으로 보건대 진보는 '이기는 전략'을 통해 승리하고, 작든 크든 그 승리의 경험이 축적되면서 더 좋은 세상을 만들 수 있었다. 어느 날 갑자기, 그것도 그냥 이루어진 것은 아무것도 없다. 1년 동안이나 지지율에서 33퍼센트포인트나 뒤지던 버락 오바마가 2008년 당내 경선에서 승리한 것은 전략의 승리이지 요행이 아니다. 더 좋은 세상을 지향하는 진보라면 좋은 전략으로 승리를 만들어내는 데 집중해야 한다. 영화 〈셀마〉를 보면 마틴 루서 킹은 현실 정치가가 아니라 운동가였음에도 시종일관 승리하는 방법을 모색했다. 그저 옳은 것을 주장하는 것에 그치지 않았다. 에릭 홉스봄의 표현에 빗대자면, 세상은 전략에 의해 좋아진다.

왜 리더십은 중요한가?

세상에 아무리 뛰어난 사람일지라도 권한과 시간이 없으면 성공한 리더십이 될 수 없다. 리더에게 결정할 수 있는 힘, 즉 권한을 주어야 한다. 리더는 얼굴마담이나 바지사장이 아니다. 권한도 주지 않으면서 결과에 따른 책임만 지우면 좋은 리더십이 생겨날 수 없다. 권한과 책임은 동전의 양면이다. 리더 선출의 절차가 온당하다면 그에게 많은 권한을 맡겨야 한다. 수익을 내야 하는 기업의 리더, 즉 CEO에게 민주성을 부과하지 않듯이 이겨야 하는 정당의 리더, 즉 대표에게 민주성으로 족쇄를 채우는 것은 옳지 않다. 리더에게 어느 정도의 시간이 주어지지 않으면 리더십을 구축할 수 없다. 어떤 일의 발단에서 최종 결과가 나오기까지의 시간, 제품의 기획에서 완성 또는 주문에서 배달까지의 기간을 리드 타임lead time이라고 한다. 리더에게도 리드 타임을 주어야 한다. 정치 선진국의 주요 정당 리더에게는 최소한 선거 주기만큼의 리드 타임을 준다. 물론 그 이상 재임한 리더가 더 많다.

훌륭한 리더 없이 성공한 조직은 없다. 물론 그 성공이 오직 리더 개인의 천재적 능력 때문이라는 것은 아니다. 문제는 리더십 형성의 조건과 구조다. 그런데 이 리더십에 민주성과 합리성을 강제하는 것은 리더십을 죽이는 결과를 초래한다. 세계적으로 위대한 기업을 만든 창업주나 새로운 왕조나 나라를 건설한 사람들의 리더십은 민주성이나 합리성과 무관하다. 다른 생각을 하고, 다르게 생각했기에 가능했다. 혁신을 추동하고, 승리를 만들어내는 리더십은 논리나 통념으로 설명할 수 없는 초超합리성의 측면을 지닐 수밖에 없다. 이 점을 인정해야 한다.

정당에 지도자의 존재는 필수적이다. "추종자를 적극적으로 모으려는 지도자, 그리고 그 지도자가 선출될 수 있도록 자발적으로 나서는 소극적 유권자 집단의 지지를 모으고자 하는 추종자는 모든 정당이 갖추어야 할 필수적인 요소다." 막스 베버의 지적이다. 여기서 말하는 지도자는 '민주적'일까? 아니다. "무엇보다도 그들은(당의 추종자, 특히 관료와 당 사업가) 지도자가 가진 개성적인 힘이 선거전에서 데마고그demagogue(선동가)로서 효과를 발휘해 당에는 지지표와 통치 권한, 즉 권력을 가져다주고, 자신들과 같은 지지자들에게는 더 많은 보상의 기회를 가져다줄 것으로 기대한다. 이상적인 기준에서 보면, 그들을 추동하는 힘의 하나는 지루한 것들로 구성된 한 정당의 추상적 정책 프로그램이 아니라(확신을 가지고 헌신하고자 하는) 어떤 개인을 위해 일하는 것에서 얻는 만족감이다. 이것이야말로 모든 지도력이 가진 '카리스마적' 요소다." 막스 베버의 이 지적은 정치 리더십의 본질적 특성이 초합리적인 카리스마에 있지 민주성이나 합리성에 있지 않다는 것을 알려준다.

정당이 지도자로 인해 유능한 기구가 되려면 어떻게 해야 할까? 막스 베버는 이렇게 주문한다. "추종자 집단은 맹목적으로 복종해야만 하고, 미국적 의미에서 '머신'이어야 하며, 명사들의 허영심 내지 독자적 권리 주장에 휘둘리지 않아야 한다." 미국의 에이브러햄 링컨Abraham Lincoln이나 영국의 윌리엄 글래드스턴William Gladstone 같은 위대한 지도자들은 이런 성격의 당 조직 덕분에 나올 수 있었다. 막스 베버에 따르면 이는 "당을 이끌 지도자를 가지기 위해 치러야 할 비용"이라고 한다. "그러나 달리 선택은 없다. 머신에 기반을 둔 지도자 민주주의 아니면 지도자 없는 민주주의가 있을 뿐이다. 후자는 소명이 없는 '직업 정치가', 지도자의 필수 요인인 내면의 카리스마적 자질이 없는 직업 정치가들의 지배를 뜻한다. 그리고 이들의 지배는 당내 반대파들이 보통 '도당徒黨의 지배'라고 부르는 것이다." 막스 베버가 말하는 머신은 효율적인 정당 관료 조직 또는 정당의 인적 기구, 활동가 조직을 뜻한다. 막스 베버는 어설프게 민주나 합리를 말하지 않는다.

막스 베버에 따르면, 허영심은 정치가에게 치명적인 독이다. 허영심은 가능한 한 자기 자신을 전면에 내세우고 싶어 하는 욕구다. 이 허영심은 '사소하고도 지극히 인간적인 적'인데, 정치가는 매일 그리고 매 순간 자신의 내부에서 자신을 위협하는 이 적과 싸워 이겨야 한다. 허영심에 빠진 정치가는 "항상 배우가 되어버릴 위험뿐만 아니라, 자신의 행동에 대해 가져야 할 책임성을 가볍게 여기고, 자신이 만들어낸 인상에만 연연하게 될 위험에 처하게 된다". 그 결과 권력의 화려한 외관만을 추구하게 되고, 정치가로 하여금 그 어떤 실질적인 목적도 없이 단지 권력 그 자체를 즐기게 만든다. 배우들이 허영심에 빠져 책임 없이 독자적인 주장을 앞세우고, 자해自害의 이미지 정치에 빠진 모습, 이런 권력 정치가가 새정치민주연합에 득세하고 있다. 이들이 득세하도록 만든 것은 열린우리당 시절 그들이 주도한 정당 개혁이다. 이런 슬픈 코미디가 또 있으랴 싶다.

새정치민주연합을 지칭할 때 흔히 봉숭아학당이라는 표현을 쓴다. 한때는 당나라 군대라고도 했다. 오합지졸이라는 이야기다. 한 개그 프로그램의 코너 이름이었던 봉숭아학당은 왁자지껄한 난장판을 뜻한다. 당나라 군대는 겉보기와 달리 군기가 엉망이고 전투력이 약한 군대를 말한다. 그 어원을 놓고 대략 두 가지 설이 있다고 한다. 한때 세계 최강이던 당나라 군대가 왕조 말 왕의 무능과 조정의 부패로 인해 오합지졸로 전락한 데서 유래되었다는 설과, 오랫동안 중국에 눌려 지내던 일본이 청일전쟁에서 맞붙어보니 별거 아니었다는 데서 비롯되었다는 설이다. 새정치민주연합도 한때 아주 강한 정당이었다. 지금의 새정치민주연합이 국민회의였던 시절, 의석은 비록 100석도 안 되었지만 그 기세는 대단했다. 강팀이었다. 그러다 당이 강한 리더십의 구축을 저해하는 내부 권력 구조를 선택하면서 오합지졸로 전락했다. 새누리당은 선거에서 몇 번 붙어보더니 지금 새정치민주연합을 참 우습게 본다. 이런 점에서 당나라 군대는 새정치민주연합에 참 걸맞은 비유다.

강한 리더십과 이기는 전략을 만들어야 한다

새정치민주연합에 없는 두 가지가 바로 전략과 리더십이다. 선출된 당 대표가 숱하게 있었지만, 그 누구도 강한 리더십을 발휘하지 못했다. 끊임없이 패배를 낳는 당내 기존 질서를 혁파하기보다 분란을 야기하지 않는 데 주력했다. 낡은 질서는 통합과 탕평의 명분하에 그대로 온존되었다. 누군가 조금이라도 변화를 추구하려고 하면 국회의원들이 일제히 막아섰고, 그를 끌어내렸다. 혁신이 생겨날 수 없었고, 강한 리더십이 만들어질 수 없었다. 선출된 지도부는 '당연하게' 현실에 안주했고, 위기 속에 등장한 비상대책위원회는 '비상하게' 현실에 안주했다. 그 결과 패배, 패배, 패배뿐이었다.

새정치민주연합이 부활하기 위해서는 먼저 강한 리더십이 구축되어야 한다. 권한을 단호하게 행사하고, 결과에 대해 분명하게 책임지는 것이 강한 리더십이다. 이것 없이는 다가오는 2016년 총선 승리에 필요한 준비를 아무것도 할 수 없다. 강한 리더십이 구축된다면 총선에서 다수 의석을 얻지 못해도 사실상 승리할 수 있다. 지난 2012년 대선에서 48퍼센트를 득표하고, 지금 의회 의석의 약 40퍼센트를 점유하고 있는 정당이 정당 지지율에서는 고작 20퍼센트 안팎이다. 새정치민주연합이 지지층을 제대로 대변하고, 결속시키지 못하고 있다는 뜻이다. 따라서 2016년 총선에서 새정치민주연합의 목표는 의석 확장이 아니라 그들이 대표·대변하고자 하는 유권자들과의 결속을 강화하는 것에 두어야 한다. 결속을 이루는 데 성공하면 새정치민주연합은 강한 정당으로 거듭날 수 있다. 결속이 아니라 확장을 목표로 한다면 새정치민주연합은 설사 요행히 다수당이 되어도 '덩치는 크나 무력한' 정당이 될 것이다.

강한 리더십이 없으면 이기는 전략도 생겨날 수 없다. 진보에 강한 리더십과 이기는 전략은 패키지다. 전략이라는 것이 수십 번의 여론조사나 머리 좋고 화려한 언변의 선거 전문가 몇 명에 의해 만들어지는 게 아니다. 좋은 전략은 과학적 분석과 경험적 데이터에 기초하지만, 상상력과 기획력이 핵심이다. 무난한 전략은 무난하게 지게 만들 뿐이다. 과감한 전략, 유능한 전략가의 등장은 비르투virtù(용맹함·덕)를 가진 강한 리더가 있을 때 가능하다. 리더가 계파주의를 핑계로 상부상조하고, 공존·공생하려고 한다면 승리는 없다.

새정치민주연합에서 가장 자주 들리는 게 선당후사先黨後私란 말이다. 대개 조직에서 어떤 말이 유독 강조되는 것은 현재 그렇지 못하기 때문이다. 선당후사란 나보다 조직을 앞세우는 것이다. 그런데 선당후사란 말을 쓰는 사람조차 자신을 희생할 생각이 없어 보인다. 다른 사람에게 강요할 때 쓸 뿐이다. 선당후사란 말을 쓰려면 나부터 살신성인해야 한다. 선당후사란 말은 도처에서 들리는 데 정작 자신을 희생한다는 이야기는 어디에도 없다. 할 만큼 한 다선 의원도, 자리 욕심이 아니라 대의 때문에 마지못해 배지를 달았다는 의원도 불출마는 절대 불가다.

하나의 팀으로서 새정치민주연합은 한심하기 짝이 없다.

또 하나, 야권의 인사들은 대체로 이승만 전 대통령을 싫어하고 김구 선생을 존경한다고 말한다. 그런데 두 가지 점에서 이 말은 씁쓸하게 들린다. 하나는, 현실 정치인으로서 김구 선생은 그리 유능하지 않았다는 점이다. 옳고 그름을 떠나 누가 더 정치적으로 유능했는지를 따지면 이승만 전 대통령이 김구 선생을 압도했다. 또 하나는, 김구 선생은 명분을 추구했지 현실적 이익은 좇지 않았다는 점이다. 그런데 새정치민주연합의 정치인들은 명분과 대의를 중시하지 않는다. 실리를 추구한다. 새정치민주연합의 정치인들이 김구 선생의 대의 노선을 따르지 않을 거면 김구 선생을 앞세워 자신들의 무능을 숨기지 않았으면 좋겠다.

**이철희의
정치 썰전**

ⓒ 이철희, 2015

초판 1쇄 2015년 11월 11일 펴냄
초판 5쇄 2016년 1월 18일 펴냄

지은이 | 이철희
펴낸이 | 강준우
기획 · 편집 | 박상문, 박지석, 박효주, 김환표
디자인 | 이은혜, 최진영
마케팅 | 이태준, 박상철
인쇄 · 제본 | 대정인쇄공사

펴낸곳 | 인물과사상사
출판등록 | 제17-204호 1998년 3월 11일

주소 | (121-839) 서울시 마포구 서교동 392-4 삼양E&R빌딩 2층
전화 | 02-325-6364
팩스 | 02-474-1413
www.inmul.co.kr | insa@inmul.co.kr

ISBN 978-89-5906-365-9 03300
값 15,000원

이 도서의 국립중앙도서관 출판시도서목록(CIP)은 서지정보유통지원시스템 홈페이지
(http://seoji.nl.go.kr)와 국가자료공동목록시스템(http://www.nl.go.kr/kolisnet)에
서 이용하실 수 있습니다. (CIP제어번호: CIP2015029225)